Homilías sobre los evangelios
de domingos

Homilías sobre los evangelios de domingos

Ciclo B

Juan I. Alfaro

LITURGICAL PRESS
Collegeville, Minnesota

www.litpress.org

El diseño de la cubierta por Ann Blattner.

La ilustración de la cubierta: En detalle, The Symbols of the Four Evangelists, cod. 2772, fol. 10r, History Bible of Evert van Soudenbalch, Utrecht (northern Netherlands), c. 1460.

Library of Congress Cataloging-in-Publication Data

Alfaro, Juan I., 1938–
    Homilias sobre los evangelios de domingos. Ciclo b / Juan I. Alfaro.
      p. cm.
    Includes index.
    ISBN 978-0-8146-3359-5 — ISBN 978-0-8146-3962-7
    1. Bible. N.T. Gospels—Sermons. 2. Church year sermons. 3. Sermons, Spanish. 4. Catholic Church—Sermons. 5. Catholic Church. Lectionary for Mass (U.S.). Year B. I. Title.
BS2555.54.A433 2011
252'.6—dc23
                                           2011038314

Indice

Indice

1 DOMINGO DE ADVIENTO

Tema: Cristo está por llegar

Lecturas: Isaías 63,16-17. 19; 64, 2-7; primera carta a los corintios 1, 3-9; Marcos 13, 33-37

El Adviento es tiempo de preparación para la llegada de nuestro Salvador. Hoy comienza el año eclesiástico. Desde la predicación de San Juan Bautista, los cristianos estamos llamados a preparar el camino del Señor trabajando por la paz, perdón y reconciliación entre personas y grupos de la sociedad, la compasión hacia los que sufren calamidades, la libertad a los oprimidos por deudas y enfermedades.

Durante el Adviento nos preparamos para celebrar de un modo especial la Encarnación del Hijo de Dios, que se hizo pequeño y limitado como nosotros, que quiso compartir la suerte de los pobres y oprimidos, y trajo palabras de consuelo para todos los que ponen su confianza en Dios. Si nosotros vamos a cooperar a la salvación del mundo, tendremos que hacerlo por medio de una encarnación semejante a la de Jesús, hermanándonos con los pobres.

Cada año la Iglesia nos recuerda que debemos tener renovadas disposiciones de conversión y de amor. Hoy comienza el año eclesiástico, un mes antes que el año civil: así como en el año civil y natural hay ciclos y estaciones (invierno, primavera, etc.), también en el año sobrenatural de la gracia hay ciclos y estaciones (Adviento, Navidad, Cuaresma, etc.) en los que Dios quiere transformarnos interiormente de modo paralelo a los cambios que hace en la naturaleza (reverdecer, florecer, fructificar, etc.). Pero para que se den estos cambios en la naturaleza, tiene que haber un tiempo apropiado (calor, lluvia, abonos, limpieza de hierbas malas); en el año sobrenatural tenemos que crear un buen clima espiritual (fe, oración, sacramentos, buenas obras, evitar peligros y tentaciones).

Los dos grandes polos de año eclesiástico son Navidad y Pascua. Toda la vida cristiana es un Adviento y una Pascua. En Adviento hay que procurar despertar hambre del Cristo presente/ausente. Cristo es el que era, es, y será; también es el que vino, viene y vendrá. Necesitamos una preparación personal e individual para esa venida, y otra preparación social, familiar, y comunitaria, a través de la conversión, el modo de vivir y de comportarse, y con celebraciones comunitarias.

El Adviento no debe quedarse en decoraciones, regalos, y "Christmas parties"; necesita decoración espiritual a través de oraciones, servicios penitenciales, Posadas, y caridad con los pobres. La participación en estas celebraciones religiosas nos ayudará a despertar esa hambre de Dios y nuestro deseo de que el día de Navidad sintamos que Cristo ha nacido en lo más profundo de nuestro corazón.

El evangelio, en la parábola del portero, invita a estar en vela, alerta y precavidos en todo momento (alude a las cuatro "vigilias" de la noche: anochecer, medianoche, canto del gallo, y madrugada) para la llegada del Señor. No hay que distraerse con tonterías religiosas superficiales o con meras prácticas rutinarias. Hay que estar a la expectativa, trabajando diligentemente en la tarea que el Señor nos ha encomendado como siervos diligentes de los que espera mucho fruto.

Así como una madre espera la vuelta de su hija del colegio, y va arreglando su habitación con flores para cuando llegue, y piensa en la comida, recepción y bienvenida que le hará, así nosotros debemos pensar en la venida de Jesús, abriéndonos a los demás, especialmente a los necesitados. Hay que vigilar y estar alerta, porque los desafíos y pruebas del Señor nos vienen cuando menos se esperan.

2 DOMINGO DE ADVIENTO

Tema: Conversión del corazón y de la mente

Lecturas: Isaías 40, 1-5. 9-11; segunda carta san Pedro 3, 8-14; Marcos 1. 1-8

El evangelio nos dice que la venida de Jesús al mundo fue precedida por llamadas de Dios a la conversión. La Iglesia sigue repitiendo esas llamadas. Junto con la primera lectura, la Iglesia nos invita a preparar el camino del Señor con una conversión o "metanoia" que es literalmente un cambio de mentalidad, de valores, perspectivas, aspiraciones, pasatiempos, relaciones, afectividades, y actitudes. Todo hay que planearlo y hacerlo de cara al Señor que viene.

La conversión es un cambio de dirección, un "volver" al Señor del que nos habíamos alejado; es un enamorarnos de Dios de nuevo y "volver a sus brazos otra vez"(!). La conversión es algo muy personal, pero es a la vez algo público, que lleva consigo un cambio en nuestro modo de comportarnos hacia los demás.

Juan Bautista es una gran figura que une la grandeza con la austeridad; Juan es grande porque reconoce la grandeza de Cristo que viene detrás de él. La Buena Noticia de Juan es que llega el Salvador en persona. Dios podría haber seguido enviando profetas y grandes santos, con poderes y sabiduría que el mundo sabía apreciar; pero esos no eran los planes y caminos de Dios. Decidió venir El mismo, y en sus propios términos, para enseñarnos en su propia carne cómo vivir con Dios y convivir con los demás.

Para preparar esta llegada de Dios una vez más entre nosotros, hace falta cambiar todo lo que el mundo considera importante o sagrado: hay que rellenar las hondonadas, vacíos, inferioridades, fracasos y desalientos de nuestra vida; hay que abatir las montañas y colinas de nuestra soberbia, prejuicios, celos, rencores, opiniones y autosuficiencia; hay que enderezar las curvas y desviaciones de nuestra conducta en los negocios y en las relaciones con los demás. Nuestra vida debe ser sencilla y transparente, sin engaños ni apariencias.

El Señor anunció su venida en el desierto, en un lugar donde no hay cosas que distraigan. Nosotros, al Señor lo vamos a encontrar en nuestro desierto, a veces en la oración y meditación, a solas, donde no hay distracciones; quizás lo encontraremos en los que, como Juan Bautista, no tienen camisa, y van vestidos con pieles y harapos. Juan predicaba con toda su persona, con sus palabras, vestido, comida, y ejemplo. El pueblo respondía a su predicación con la confesión de los pecados y el bautismo, signos externos de la conversión interior. Nosotros tenemos que convertirnos profundamente para preparar la venida del Señor, con señales externas de nuestra conversión, y con el arrepentimiento de nuestros pecados.

Solamente los que se convierten de corazón durante el Adviento pueden experimentar y reconocer la presencia de Cristo en Navidad. Para poder vivir el verdadero Adviento y la presencia del Señor en nuestra vida, necesitamos ser bautizados con el Espíritu Santo que nos renueve y caliente interiormente, de modo que hagamos mejor las cosas, inspirados desde dentro, por convicción y amor.

3 DOMINGO DE ADVIENTO

Tema: Alégrense, el Señor está cerca.

Lecturas: Isaías 61, 1-2. 10-11; primera tesalonicenses 5, 16-24; Juan 1, 6-8. 19-28

El evangelio presenta a san Juan Bautista como testigo privilegiado del Cristo que viene. De san Juan se dice que fue 1) un hombre enviado por Dios, que 2) vino como testigo para dar testimonio, 3) para que todos creyeran por medio de el. Más adelante, el evangelio dirá que Jesús es 1) el enviado del Padre que, 2) dió testimonio, 3) para que los judíos creyeran. En la Última Cena, Jesús revelará a los discípulos que ellos a su vez van a ser 1) los enviados por Jesús, que 2) darán testimonio de él, y 3) Jesús oró por los que iban a creer a través del testimonio de los discípulos.

Lo que san Juan Bautista, Jesús, y los discípulos fueron, estamos llamados a ser nosotros: tenemos una misión porque somos los enviados por Jesús; debemos dar testimonio de él con nuestras obras y palabras; debemos ganar a los demás para Jesús, para que crean en él más y mejor.

Juan Bautista era "una voz" (vs una figura de carne y hueso), mientras que Jesús es el "Verbo," la Palabra; Juan no quería atraer la atención de sus oyentes sobre sí mismo sino sobre el mensaje que traía de parte de Dios. La gente llegó a pensar que Juan podría ser el Mesías, pero él se mantuvo fiel a su misión de introducir a Jesús para eclipsarse después.

Juan Bautista anunciaba a los judíos que tenían en medio de ellos a Jesús, a su Salvador, y no le reconocían. Algunos no reconocían a Jesús por terquedad y mala fe; otros, porque no habían oído hablar de él; otros, porque creían saber muy bien quién era Jesús. "Nadie es profeta en su patria," por eso sus vecinos lo conocían sólo superficialmente, aunque creían conocerlo a fondo.

Navidad es el tiempo para reconocer a Jesús que va a nacer en nuestros corazones. Si uno no se esfuerza por descubrir y reconocer a Cristo antes de Navidad, difícilmente lo descubrirá después. ¿Está Cristo desconocido en medio de nosotros? ¿Cómo dejamos que Cristo sea reconocido en cada uno de nosotros? Debemos de servir de pedestales para que la luz y el mensaje de Jesús brillen mejor en medio de nuestro mundo. No hay que pretender ser "faroles" que atraen la atención sobre sí mismos. El Bautista se presentó como modelo de humildad y dedicación a Cristo; se limitó a proclamar la presencia de Jesús y a llamar la atención sobre él.

En este tercer domingo de Adviento, se enciende la vela de color rosa de la Corona del Adviento, el Advent Wreath. Este es un domingo de alegría, porque el Señor está muy cerca. En la segunda lectura se nos recuerda que la alegría es una de las cualidades fundamentales del cristiano, porque "un santo triste es un triste santo," como dice el refrán. La alegría del cristiano proviene del recibir (de Dios), y del darse (a los demás). Hay que vivir siempre contentos pero nunca satisfechos porque el Señor sigue cuidando de nosotros. La vida cristiana es un vivir en la esperanza, no tensa sino gozosa, porque sabemos que al final de todo está Dios.

4 DOMINGO DE ADVIENTO

Tema: María en el Adviento de Dios

Lecturas: segundo Samuel 7, 1-5. 8-12. 14. 16; romanos 16, 25-27; Lucas 1, 26-38

Hoy leemos en el evangelio la anunciación que es también la vocación de María. Dios vino directamente a María, sin pedir permisos ni al sumo sacerdote judío, ni al emperador César Augusto, ni siquiera a San José. El ángel viene a Nazaret, un pueblecito de unos 150 habitantes, símbolo de la humildad y sencillez que Dios busca. María, prototipo de la Iglesia, es modelo de fe y de las personas que dan a Dios una respuesta total. María concibió a Jesús gracias a su respuesta de fe y disponibilidad para con Dios.

La narración evangélica combina los elementos tradicionales de una anunciación y una vocación; en una anunciación se da una aparición, seguida de un anuncio del nacimiento, junto con el nombre y el futuro del niño que va a nacer; en un relato de vocación se sigue un proceso semejante: se comienza con una aparición, seguida de una invitación; a las dudas de la persona suele seguir una aclaración de los planes de Dios; algunas veces se ofrece una señal que motiva una respuesta de fe.

María recibe personalmente las promesas que anteriormente se habían hecho al pueblo de Israel en general, al rey David en particular, y a Sión/Jerusalén. La primera lectura de hoy nos recuerda esta promesa hecha a David. Dios le anuncia un reino eterno que se va a cumplir y establecer en Cristo de un modo muy superior al del sentido material y carnal que podía entender el rey David. El reino de David era un símbolo. El Reino final será espiritual, y no será de este mundo, pero estará destinado a cambiar el mundo. La promesa a David se cumplió no sólo en Salomón sino a largo plazo; la profecía (como la promesa a Abrahán) está aún en proceso de cumplimiento; el Reino sigue creciendo y se va consolidando. Todo lo que David quería hacer por Dios (edificarle una casa), Dios lo hará por David, edificándole una casa o dinastía eterna, porque Dios suele devolver con creces lo que uno quiera hacer por El. Hoy no debemos pensar en edificar templos ni en llenar el mundo de edificios materiales que acaban convirtiéndose en museos para el turismo, sino en edificar la comunidad y la familia de Dios en la que El tenga su morada.

Al recibir la promesa hecha al rey David, María se convierte en la encarnación y personificación de su pueblo y de Sión, especialmente del pueblo humilde y sencillo que esperaba la salvación de Dios. La promesa de Dios a David de un reino eterno y de un hijo a quien Dios miraría como hijo suyo la vemos cumplida los cristianos en Jesús, el hijo de María.

María es modelo de fe: escucha atentamente, reflexiona, pregunta, se abre con confianza al Espíritu, y toma una actitud de servicio. Así concibe a Jesús en su seno. Pero María era una virgen y no podía tener hijos. En el Antiguo Testamento las grandes madres, Sara, Rebeca, y Raquel, eran estériles y no podían tener hijos; pero "para Dios nada hay imposible," se le dijo a Sara la esposa de Abrahán y se le dice a María. El nacimiento de un hijo en esos casos, es prueba de que ese hijo es un gran don de Dios. Jesús es de tal manera el mayor don de Dios que nace no de una estéril sino de una virgen. Su nacimiento es anunciado de antemano como el de los grandes personajes de la historia de Israel, porque Jesús es el mayor personaje de la historia.

¿Cuál es el anuncio y la vocación de Dios para nosotros hoy? ¿Nos hemos detenido, como María, a escuchar, reflexionar y responder? Dios nos llama al gozo, a la entrega y al servicio, como llamó a María. Este año que vamos a comenzar dentro de unos pocos días, deberá ser un año de paz y alegría si aceptamos con fe las promesas hechas a María en este evangelio. Dios nos hace hoy a nosotros las mismas promesas y desea de nosotros una respuesta de fe.

Muchos santos nos recuerdan en sus escritos que la Virgen María, desde que concibió a Jesús hasta el nacimiento, necesitó nueve meses de preparación y de fe. Nosotros en esta vida estamos llamados a dar vida y concebir a Jesús en nuestras personas. Para este crecimiento en la fe nosotros quizás lleguemos a necesitar hasta noventa años. Toda nuestra vida está dedicada a dejar que Jesús tome posesión de nosotros y crezca en nosotros, de modo que al final de nuestra vida seamos, en cuanto sea posible, iguales a Cristo.

FIESTA DE LA NATIVIDAD DEL SEÑOR

Tema: NAVIDAD

Lecturas:
MISA DE MEDIA NOCHE: Isaías 9, 1-3. 5-6; Tito 2, 11-14;
Lucas 2, 1-14

MISA DEL DÍA: Isaías 52, 7-10; hebreos 1, 1-6; Juan 1, 1-18

EN LA MISA DEL GALLO, de medianoche, es difícil predicar largo y tendido; por ello les ofrezco esta "poesía" que se puede leer o de la que se pueden sacar ideas para varios días:

Navidad es . . . "para niños;"
"Noche de Paz, Noche de Luz;"
Es el nacer de Jesús.
Es el "Dios-con-nosotros"
El Noel y el Emmanuel

Navidad es floklore y colorido
Nacimiento en las casas
Posada y Pastorela
Misa de medianoche
Acostada y levantada del Niño.

Navidad es María, José y el Niño
Los Magos y los Pastores,
Herodes y los Inocentes.
El consuelo de los justos;
La alegría de los pobres.

Navidad es canto
de ángeles
El gozo de los sencillos;
Alegría desbordada,
La Paz en la tierra.

Navidad es la estrella que guía
en la noche;
El buey junto a la mula.
El fin de la esclavitud;
Un capullo de Libertad.

Navidad es campaña publicitaria;
Una posada llena;
Las luces y luminarias;
El amor en el dolor.

Navidad es el final de una espera;
El nacer de la Esperanza;

Navidad es la grandeza de Dios
En la pequeñez del Niño;

La llegada del Esperado;
El camino a la Primavera.

La salvación y redención
En la humildad de Dios.

Navidad es un arbol adornado;
El regalo en la familia;
El frío en la calle;
El calor en el hogar.

Navidad es silencioso cantar
De toda la naturaleza
Es la "Gloria en el cielo,"
Y la "Paz en la tierra."

¡NAVIDAD.....SOY YO!
¡NAVIDAD.......ERES TU!
PERO, SOBRE TODO....
¡NAVIDAD ES "EL"!

HOY, ES EL DIA DE NAVIDAD, día de alegría y esperanza; como cada vez que nace un niño. Hoy nos nace un gran futuro. En Navidad celebramos un hecho teológico, mucho más que un hecho histórico, la entrada del Salvador en el mundo. Nadie sabía ni el mes ni el día de su nacimiento, pero por celebrarse en diciembre la fiesta pagana de la victoria del sol, los cristianos decidieron sustituirla con la celebración de la fiesta del verdadero Sol de amor y justicia, que trae calor y vida al mundo. Hoy es el día más corto del año y la noche más larga, pero para los cristianos, a la noche más larga sigue una brillante aurora; hay luz al final del túnel, pues hoy es el día de un nuevo amanecer y de una nueva era para la humanidad. Al recordar la Primera Venida de Jesús al mundo, la Iglesia piensa sobre todo en su Segunda Venida, en la que traerá la salvación definitiva. Celebramos el nacimiento de nuestro Salvador.

Jesús entró al mundo de incógnito—era casi un extranjero, un ilegal. Las autoridades civiles y religiosas casi ni se enteraron. No se celebró su nacimiento con recepciones ni fiestas, ni con lluvias de regalos. Antes de nacer, ya le cerraron las puertas. Las autoridades temían que viniera a cambiar las cosas. Los héroes de Navidad son los humildes y los sencillos: Los ángeles, José y María, los pastores, los Inocentes, los reyes magos, Simeón y Ana. Los otros personajes casi no cuentan: Augusto César, Herodes, y los sacerdotes del templo. La verdadera paz que el mundo buscaba y necesitaba no era la Pax Romana, proclamada por el emperador Augusto y mantenida con las armas de sus legiones, sino la Paz Cristiana anunciada por los ángeles.

NAVIDAD rompe barreras: Lo humano se une con lo divino, lo infinito con lo pequeño, lo espiritual con lo carnal; lo invisible se hace visible, el rico se hace pobre, el poderoso se presenta débil, lo de abajo se une con lo de arriba, y la tierra se une al cielo. Pastores y ángeles forman una comunidad gozosa. Cristo se hace un hombre débil para que nosotros nos hagamos fuertes y divinos. Los signos externos de su aparición son pobreza, humildad, y sencillez. Unos le cerraron la puerta, otros le abrieron el corazón (Posadas). Navidad es una fiesta de apertura y de regalos: Dios nos "dió" a su Hijo; María "dió" a luz a Jesús al mundo; nosotros debemos "darnos y dar" a los demás. Nuestro dar regalos por Navidad debería ser un signo de nuestro querer darnos más profundamente a otros. En Navidad celebramos nuestro nacimiento con Jesús. San León Magno nos recuerda que "El nacimiento de la Cabeza es también el nacimiento del Cuerpo."

HOY ES LA NOCHE BUENA, noche de folklore, fiesta, celebración, música alegre, luz y color, paz, gozo, humildad y sencillez. Este día es el centro de la historia que se divide en antes y después de Cristo, pero que debe unir a la humanidad. Jesús es revelado a los pastores y a los magos, a los sencillos y a los que buscaban. Jesús nace en la intimidad y en la clandestinidad. El mandato de hacer un censo, dado por el emperador del mundo, sirvió para que se cumplieran las profecías y los designios del Emperador divino.

Hoy nace el Buen Pastor, que se revela en medio de unos pobres pastores, apropiado descendiente del rey David que había sido primero un pastor. Jesús nace dentro de la historia y las esperanzas de su pueblo, encarnando todo lo mejor de su historia, trayendo la justicia y la paz. Al nacimiento de Cristo debe corresponder un nacimiento nuestro a una nueva vida. Nuestro espíritu alegre de paz y convivencia de Navidad deben extenderse a todo el año que va a comenzar, y a toda la vida.

FIESTA DE LA SAGRADA FAMILIA

Tema: Toda familia cristiana es "Sagrada Familia."

Lecturas: Eclesiástico (Sirácide) 3, 3-7, 14-17; colosenses 3, 12-21; Lucas 2, 22-40 o bien 2, 22. 39-40

El evangelio de la fiesta de la Sagrada Familia refleja piedad, devoción, simplicidad, ternura, fe, esperanza, y sobre todo, alegría espiritual y amor. Aunque José y María hacen la ofrenda de los pobres, Simeón reconoce en ellos la riqueza divina de salvación universal ("Luz para revelación a las naciones"), y los ve como portadores de la presencia salvadora de Dios.

La familia de Nazaret es modelo y ejemplar de las familias cristianas. El pueblo hispano ha entendido esto como por instinto. Gran parte de los movimientos familiares de nuestros días tienen raíces hispanas: El Movimiento Familiar Cristiano, Encuentro Matrimonial, etc. Esto es así porque la familia es fuente de fe y dinamismo en la sociedad hispana, mucho más que las compañías, clubes y organizaciones, los son para otros grupos. Hoy hay que tener en cuenta que abundan nuevas formas de familia, en las que a veces faltan el padre o la madre de la familia tradicional.

¿Cómo era (y es) la "Sagrada Familia"? ¿Cuáles eran sus virtudes domésticas? 1. Era una familia llena de fe, amor, delicadeza mutua, y oración. 2. En ella, el mayor (Jesús) obedecía al menor (José). 3. Había problemas y dificultades, pobreza, privaciones y sufrimientos que probaban la fe de sus miembros. 4. El futuro se presentaba incierto y difícil; pero todos sus miembros, con Jesús, crecían en sabiduría y en gracia ante Dios y los hombres. 5. Había paz, misericordia y perdón, diálogo y comprensión, bondad, humildad, mansedumbre, y. . . mucha paciencia. 6. No había gritos ni amenazas, quejas, enojos, silencios negativos, ni se echaban mutuamente la culpa. 7. Había solidaridad, consagración a Dios,— Jesús,—centro de su vida, atenciones mutuas, obediencia a la Ley, estudio de la Palabra de Dios, esfuerzo por descubrir y aceptar su voluntad cuando tragedias como el exilio a Egipto o la pérdida del Niño caían sobre ellos. Había un solo corazón y una sola alma. 8. Había convivencia, compenetración, trabajo honrado, sin autoritarismos ni imposiciones.

Demos gracias a Dios porque así son bastantes de nuestras familias sencillas y pobres. ¿Por qué no serán así todas las familias cristianas?

La Iglesia Católica ha ofrecido enseñanzas sobre los ideales esperados de la familia hispana: 1. La "Familia Trinitaria" es el modelo para nuestras familias: La familia se caracteriza por la relación entre las personas que la componenen igualdad, diferencias, y respeto mutuo. 2. La Sagrada Familia, modelo de nuestras familias, vivía la sencilla alegría de los pobres. 3. La familia cristiana es el primer centro de evangelización; en ella se vive la vocación fraterna, la comunión y la participación. En ella hay diálogos, delicadezas, atenciones, comunión, apertura, generosidad, servicio mutuo y educación en el amor. 4. Nuestros pueblos hispanos tienen un gran sentido de familia; éste es un rasgo primordial de la cultura latinoamericana. La alianza y el amor conyugal son símbolo del amor de Dios por su pueblo y su Iglesia. 5. Los papás son maestros y catequistas; son los primeros ministros de la oración y del culto de Dios. En las familias se renueva y revive la imagen de la familia de Nazaret. 6. Los tesoros de la familia hispana son tanto los hijos como los abuelitos. 7. La familia es víctima de las presiones de la sociedad: divorcios, abortos, control de la natalidad, egoísmos, desempleos, y valoración de las cosas sobre las personas. 8. La Iglesia acompaña a la familia en sus celebraciones: noviazgos, desposorios, bodas, paternidad y maternidad, educación, bautismos, primeras comuniones, aniversarios, fiestas familiares, momentos de crisis y de dolor. La Iglesia que es familia de familias, deberá vivir estas virtudes en las relaciones entre sus miembros.

FIESTA DE MARIA, MADRE DE DIOS
DIA DE ORACION POR LA PAZ

Tema: Reina de la Paz, ruega por nosotros

Lecturas: Números 6, 22-27; gálatas 4, 4-7; Lucas 2, 16-21

El día del Año Nuevo es uno de los días más festivos del año de la Iglesia, ya que se celebran el Año Nuevo, la Fiesta de Santa María Madre de Dios, la Octava de Navidad, la Circuncisión de Jesús, el Santo Nombre de Jesús, y el Día de la Paz. María fue reconocida como "Madre de Dios"—Theotocos—en el Tercer Concilio Ecuménico de Efeso el año 431 A.D., en medio del entusiasmo del pueblo cristiano que lo celebró con una procesión con antorchas.

María, como a nosotros nuestra madre (que nos dió el cuerpo pero no el espíritu), dió el cuerpo físico a Jesús, pero es madre de la persona de Jesús que es divina, hombre-Dios. La maternidad divina es la base de todos los privilegios de María (Llena de gracia, Inmaculada, Asunta), por eso la veneramos, amamos, invocamos e imitamos (Vaticano II). María, en su vida en la tierra, fue una mujer sencilla, llena de fe, fuerte en las pruebas. En el evangelio de hoy aparece escuchando y guardando en su corazón la Palabra, aprendiendo de los pastores humildes las maravillas que Dios obraba. En un ambiente de piedad, Jesús es circuncidado en señal de su pertenencia e incorporación al pueblo de Israel. Jesús comienza su vida siendo un judío auténtico, como los demás niños de su tiempo; pero su Nombre, Jesús=Salvador, nos revela ya la personalidad providencial y la misión del Niño. Además de ser madre del Hijo de Dios, María es madre espiritual de los cristianos, hijos/as de Dios.

Hoy es el día mundial de oración por la Paz; en Navidad cantábamos "Paz en la tierra a los hombres de buena voluntad." Hoy es también un día de buena voluntad que produzca paz. Jesús es el Príncipe de la Paz, y María es llamada en la letanía "Reina de la Paz". Hoy necesitamos paz a todos los niveles. Todos los esfuerzos humanos por el desarme parecen sospechosos y casi destinados a fracasar; la regla general en muchas regiones del mundo parece ser "armaos los unos contra los otros" en vez de "amaos los unos a los otros." Un día parece que la paz está a punto de estallar, y al día siguiente parece que la guerra se nos viene encima.

Necesitamos, como nunca, la paz divina que nazca primero en los corazones y se manifieste en los cuerpos; una paz que sea personal pero llena de ramificaciones sociales. El Papa Pablo VI, al inagurar esta fiesta, decía que "hay que desarmar los espíritus si queremos que caigan las armas de las manos." La paz no es el equilibrio de fuerzas adversarias, ni la ausencia de guerras; desde la encíclica "Pacem in Terris" se subraya que el camino para la paz incluye el trabajo por la justicia, el progreso, la reconciliación y la solidaridad profunda entre los pueblos. Hay que buscar la paz. Más que pacíficos hay que ser pacificadores o creadores de paz, ya que los que hacen esto serán llamados Hijos de Dios. Hay que trabajar para eliminar los obstáculos a la paz, las rivalidades, miserias, desigualdades, racismos, discriminación y nacionalismos exagerados. No basta una coexistencia fría que nace de las sospechas; hace falta una convivencia cálida, basada en la hermandad profunda de todas las personas y de los pueblos. Hay que estar en paz con Dios, consigo mismo, y con los demás; esta triple dimensión de la paz nos reta a la conversión, a una continua reconciliación con los demás, y a romper todas las barreras que nos separan.

"Año Nuevo, Vida Nueva," dice el refrán. ¿Cómo va a ser nueva o diferente tu vida este año que comienza? Que el año nuevo traiga un nuevo modo de vivir y convivir, lleno de oportunidades y de bendiciones. Al comenzar el recorrido del año nuevo, en esta fiesta de María, cantémosle con fe a nuestra Madre: "Ven con nosotros al caminar, Santa María, ven."

El Calendario del Hogar nos recordaba este día que el tiempo vuela: "Larguísimo el Nuevo Año / Lo juzgas al comenzar; / Verás pronto, al terminar / Que tu juicio fue un engaño."

FIESTA DE LA EPIFANIA

Tema: La revelación de Cristo a las naciones

Lecturas: Isaías 60, 1-6; efesios 3, 2-3. 5-6; Mateo 2, 1-12

La fiesta de la Epifanía o manifestación del Señor es un desdoblamiento y prolongación de la fiesta de Navidad. Antiguamente, las dos fiestas se celebraban juntas en un mismo día. Jesús que se reveló pobre en la carne a los pobres de su pueblo el día de Navidad; en este día se revela gloriosamente a las naciones. El relato del evangelio de esta fiesta es un midrash o leyenda teológica que se apoya a la vez en textos del antiguo testamento (magos, estrella, Belén, Judá, reyes) y en sucesos del tiempo del evangelista, del tiempo de Jesús.

Quizás, una conjunción de los planetas Venus, Jupiter y Saturno, hacia el año 7 a.c., puso en marcha a unos "magos," astrólogos o líderes religiosos del área de Persia; la leyenda posterior los convirtió en "reyes" (hoy es el día del Rey de Reyes), para ver cumplidas las profecías de los salmos; se les dieron nombres (Melchor, Gaspar y Baltasar), y raza (blanco, negro, rojo/amarillo) para que fueran representantes de la humanidad pagana que reconocía a Jesús. La leyenda añade que se hicieron cristianos, que fueron mártires, y están enterrados en la catedral de Colonia, en Alemania.

Nosotros, como los magos, para encontrar a Jesús, tenemos que ponernos en marcha; tenemos que seguir la estrella. Herodes y la ciudad de Jerusalén, a causa de la situación política tensa por rebeliones contra el reinado de Herodes, se turbaron ante la noticia de los magos. Los líderes religiosos se quedaron paralizados, y sólo Herodes procedió con astucia y diligencia. Los magos llegaron a Belén y "vieron" a María y al Niño (Nótese la insistencia de Mateo al mencionar siempre al "Niño y a su madre." No hay que separar a Jesús de María).

Los magos "vieron" a Jesús con los ojos de la fe, en la humildad y pobreza, sin fiestas ni ceremonias, sin decoraciones ni riquezas; los únicos personajes o pajes que acompañan a Jesús son el buey y la mula. Los magos llevaron a Jesús lo mejor que tenían, y lo usaron para expresar su fe y reverencia: Oro, para Jesús-Rey; incienso para el Sacerdote-Dios; y la mirra para el hombre-víctima que sufrirá la muerte para ser Redentor y Salvador efectivo.

Cuando Jesús creció y se hizo adulto, la historia de la infancia volvió a repetirse: los paganos se acercaron a Jesús y creyeron en él, mientras que muchos judíos, especialmente las autoridades religiosas, permanecieron indiferentes y hostiles. Hoy podemos meditar en el desafío que esta fiesta nos hace. Nosotros también miramos a Jesús con ojos de fe, y le ofrecemos lo mejor que tenemos y sabemos. Le ofrecemos ante todo nuestros corazones, pero también tenemos que ofrecerle nuestros dones materiales que son dones que hemos recibido de él. Estamos agradecidos a estos personajes, los magos, que fueron nuestros predecesores en la fe y que nos dejaron un ejemplo para imitar.

Hoy, en la liturgia se podría emplear el incienso que nos recuerde el don de los magos; también podríamos ser más generosos que de costumbre, para mostrarle al Señor nuestro agradecimiento por habernos llamado a la fe. La colecta se podría llevar con algo más de solemnidad, depositándola al pie del nacimiento.

FIESTA DEL BAUTISMO DEL SEÑOR

Tema: El bautismo es una llamada al compromiso

Lecturas: Isaías 42, 1-4. 6-7; Hechos de los Apóstoles 10, 34-38; Marcos 1, 7-11

En el evangelio leemos la versión de san Marcos del bautismo de Jesús. La narración es breve y se enfoca sobre la identidad de Jesús. La voz de Dios habla directamente a Jesús ("Tú eres mi Hijo"), mientras que en los otros evangelios la voz se dirige a la gente que rodea a Jesús ("Este es mi Hijo"). Jesús es el Hijo de Dios; es además el Bautizador que es bautizado. Recibe un bautismo de agua, y bautizará con el Espíritu Santo. El rito externo será reemplazado por algo interior, más fuerte, profundo y sagrado.

En el bautismo de Jesús vemos el modelo de nuestro bautismo cristiano. Los mismos tres milagros que sucedieron en el río Jordán vuelven a suceder cada vez que se bautiza a una persona: 1) se le abren las puertas del cielo; 2) el Espíritu desciende sobre ella; y 3) Dios le dice: "Tú eres mi Hijo/a." Nuestro bautismo es un nuevo nacimiento por el que recibimos una nueva identidad al convertirnos en hijos/as de Dios. Como san Pablo nos lo recuerda, en el bautismo recibimos el Espíritu de Dios que nos permite llamarle "Abba", Padre.

El bautismo de Jesús abre la misión y el ministerio de Jesús; lo revela como el Hijo de Dios enviado para enseñarnos y guiarnos. Nuestro bautismo da comienzo a nuestra misión cristiana. Es una llamada de Dios, y un compromiso de nuestra parte. Por el bautismo, nos comprometemos a trabajar para que el Reino de Dios se convierta en una realidad en nuestro mundo: 1) Nos hacemos ciudadanos de su Reino dedicados a hacer su voluntad, siguiendo sus leyes y mandamientos. 2) En el bautismo renunciamos a satanás y al pecado, para no dejarnos engañar y seducir por las vanidades del mundo; 3) Prometemos vivir como Hijos/as de Dios; nuestra vida cristiana se debe distinguir de la vida de los que no tienen fe, por nuestro esfuerzo para cumplir las promesas bautismales. 4) Nuestro bautismo señala el comienzo solemne y sagrado de nuestra peregrinación espiritual al Reino de Dios. 5) El bautismo nos limpia de nuestros pecados.

6) Por el bautismo entramos a la Iglesia y nos unimos a la comunidad y familia cristiana. 7) En el bautismo nos convertimos en hermanos/as de Jesús, y de los demás bautizados.

Entre los hispanos, muchos recuerdan que en el bautismo también nos convertimos, como Jesús, en hijos de María que pasa a ser nuestra madre.

En algunos lugares, existe una piadosa costumbre en este día del bautismo de Jesús: Se invita a los papás y padrinos de los niños que han sido bautizados durante el último año para que lleven a los niños a misa de la comunidad, y participen en la procesión del ofertorio, presentado a los niños ante el nacimiento o pesebre que haya en la iglesia. Esto constituye una especie de presentación de los niños en el templo, y a la vez su ofrecimiento al Niño Jesús.

MIERCOLES DE CENIZA

Tema: La cuaresma del cristiano

Lecturas: Joel 2, 12-18; segunda a los corintios 5, 20—6, 2; Mateo 6, 1-6. 16-18

La cuaresma no es un tiempo triste para andar con cara larga; es un tiempo serio en el que hay que reflexionar y evaluar la vida cristiana que llevamos. La cuaresma no se opone a la alegría sino a la frivolidad. Este es un tiempo para tomar conciencia de nuestro compromiso cristiano, y del misterio central de nuestra fe, la muerte y resurrección de Jesús. La cuaresma es tiempo de conversión (*metanoia*) y cambio de mentalidad, de valores, y de vida.

Durante la cuaresma nos preparamos para Pascua, para que el Padre opere en nosotros una resurrección semejante a la de Jesús, para que en Pascua seamos personas nuevas, que rompamos las ataduras de los pecados, y de las tonterías que nos tienen atados y que nos impiden vivir la vida cristiana en su plenitud. Nos preparamos para que el milagro de la resurrección que sucedió en Jesús sea también una realidad en nosotros. El día de Pascua esperamos tener una experiencia espiritual de nuestra libertad en Cristo, cuando las cosas de abajo no nos aten, y miremos con esperanza a nuestra vida eterna con Cristo. Para ello nos preparamos por medio de la oración, examen cuidadoso de nuestra vida, y el esfuerzo por vencer nuestras debilidades.

La cuaresma es tiempo de atletismo espiritual para "*estar en forma*" para las luchas de la vida. Si podemos decir "*no*" ante una bebida, comida o un capricho, podremos decir "*no*" ante una injusticia, un deseo de venganza o una tentación de pereza. La cuaresma es un tiempo para vencernos a nosotros mismos: recordemos lo que el gran escritor romano Cicerón le dijo al general Julio César (padre del primer emperador de Roma) cuando después de derrotar a su rival Pompeyo, le perdonó: "*Esta es tu mayor victoria, porque en otras venciste a tus enemigos, pero esta vez te has vencido a ti mismo.*"

La cuaresma es un tiempo de conversión. Nuestra conversión debe ser como la del Hijo Pródigo o la de Zaqueo: volver a la casa del Padre o recibir a Jesús en nuestra casa y compartir las bendiciones de Dios con los necesitados. La principal razón por la que debemos convertirnos es porque Dios es bueno y quiere que su bondad triunfe sobre nuestros pecados. La conversión puede tener muchas formas: *si eres soberbio y orgulloso, conviértete en sencillo y humilde; si eres avaro y adorador del dinero, conviértete en generoso y desprendido; si eres procrastinador y perezoso, procura ser más diligente; si has sido opresor, procura hacerte liberador; si has sido rencoroso, procura ser magnánimo y perdonador; si has sido exigente, procura ser más paciente y comprensivo; si has sido iracundo, procura ser más pacífico y paciente; si has sido sensual, procura ser más sacrificado y austero, etc.*

La cuaresma es tiempo de penitencia; es importante que, en cuanto sea posible, nuestras mortificaciones y nuestros sacrificios sean, como los de Jesús, de beneficio para los demás. Si una persona ahorra dinero con sus privaciones de ciertas comidas, sería importante que ese dinero fuera dado a los pobres, para que los necesitados se beneficien de nuestra penitencia. Habría que aceptar con alegría los sufrimientos que vienen por proclamar la justicia, denunciando las injusticias y opresiones o discriminaciones. Por ello fue Jesús perseguido, y por ello lo serán sus discípulos. Hay que tener presente, también, que muchos sacrificios y oportunidades nos llegan sin buscarlos; la convivencia diaria nos pide abundantes sacrificios para vivir en la paciencia y la paz.

1 DOMINGO DE CUARESMA

Tema: Con Cristo venceremos las tentaciones

Lecturas: Génesis 9, 8-15; primera Pedro 3, 18-22; Marcos 1, 12-15

Cada semana de cuaresma las lecturas presentan las Alianzas de Dios con la humanidad, porque el Dios que nos creó está deseoso de vivir en contacto con nosotros, para que le amemos y sirvamos. En las dos primeras semanas, el tema central es purificación y conversión; las tres semanas siguientes el tema es los sacramentos de la Iniciación Cristiana (Bautismo, Confirmación y Eucaristía); la última semana de cuaresma mira a la pasión.

El evangelio de este primer domingo de cuaresma presenta a Jesús en el desierto, en el silencio y la soledad que invitan a la comunión con Dios, a la oración y meditación, sin distracciónes. Todas las tentaciones se vencen con la oración y el ayuno. Parece que san Marcos está pensando en que Jesús inagura una nueva humanidad, y así nos dice que Jesús vivió en el desierto, como un nuevo Adán en un nuevo paraíso, en paz con los animales, en armonía con la naturaleza.

Las tentaciones de Jesús nos presentan al bien y al mal en eterna lucha; vencerá el bien. Desde que Jesús venció tenemos el poder de no caer en la tentación (Padre Nuestro). Jesús era *"el más fuerte;"* el demonio no tenía ningún poder sobre él. Al comienzo de su ministerio le tentó el demonio y más adelante, de modo parecido, le tentaron los fariseos (pidiéndole señales del cielo, haciéndole preguntas capciosas, insultándole, etc.). Nosotros somos tentados como Jesús, a veces por el demonio, y a veces por otras personas; la tentación ataca especialmente a aquellas personas que hacen un mayor esfuerzo para ser buenas; a las malas y endurecidas en el pecado, Satanás las deja en paz porque ya se las tiene bien ganadas y caminan por sí mismas a la condenación. En la cuaresma, la Iglesia nos invita a estar más alerta, para no dejarnos engañar y seducir, para no caer en la tentación.

Estos días de cuaresma, nos podríamos preguntar con el profeta Isaías (Is 58:6-10), qué clase de ayunos desea el Señor de nosotros; de qué cosas y pecados debemos alejarnos de un modo especial, ya que nuestra sociedad está llena de fuentes de tentación. Los medios de comunicación, los espectáculos y las diversiones que la sociedad ofrece nos pueden preparar, casi sin darnos cuenta, para caer en la tentación.

En muchas parroquias durante la cuaresma se ofrecen gran variedad de oportunidades para la conversión personal y para el sacrificio: *puede haber programas especiales para ayudar a los necesitados; estudios bíblicos, misiones o retiros, servicios penitenciales, Viacrucis, y otras devociones que nos recuerdan el amor sacrificado de Jesús y su invitación a tomar nuestra cruz y seguir sus pasos.*

La Iglesia nos recuerda la obligación de abstenernos de comer carne los viernes, pero sería importante añadir otros tipos de abstinencias, tales como abstenerse del alcohol, tabaco, dulces, y cosas que nos sean atractivas sin ser necesarias; porque, como ya dijimos, si sabemos decir "*no*" a esas pequeñas tentaciones, estaremos mejor preparados para decir "*no*" cuando nos lleguen tentaciones más serias.

Durante la cuaresma podemos hacer un mayor esfuerzo para ser más fieles a nuestras obligaciones como cristianos; el asistir a misa no solamente los domingos sino también diariamente; el no llegar tarde, ni a la misa ni a las citas con las personas; el abstenernos de críticas negativas que hacen más mal que bien; el no participar en murmuraciones y chismes que destruyen el buen nombre de las personas y que acaban haciendo mucho daño a quienes participan en ellas. Hay que vivir alerta para no dejarse sorprender ni engañar por la tentación.

2 DOMINGO DE CUARESMA

Tema: Transfiguración de Jesús y transformación nuestra

Lecturas: Génesis 22, 1-2. 9-13. 15-18; romanos 8, 31-34; Marcos 9, 2-10

Los textos del evangelio que nos cuentan la transfiguración de Jesús, la relacionan con la confesión de fe de San Pedro y el primer anuncio de la pasión de Jesús. En esta relación hay una importante lección para nosotros. San Pedro, por revelación del Padre, había confesado a Jesús como Mesías e Hijo del Dios vivo. Pero cuando, a continuación, Jesús predijo su pasión, fue san Pedro quien protestó, porque no veía la razón ni la finalidad del sufrimiento de Jesús. San Pedro no podía aceptar el sufrimiento ni para Jesús ni para sí mismo. Pedro, además de querer evitar lo que podía ser sacrificio y sufrimiento, buscaba otra cosa, como aparece en el relato de la transfiguración.

En la cima del monte, Pedro es testigo de la gloria de Jesús; la compañía de Moisés y Elías lo llenan de admiración y alegría. Pedro deseaba que aquella situación se prolongara lo más posible; quería hacer tres chozas para quedarse allí indefinidamente. Pedro que había rehuído el sacrificio cuando Jesús habló de su pasión, ahora en la montaña quiere aferrarse a un bienestar pasajero. En este tiempo de cuaresma, se nos recuerda que tenemos que cambiar para no ser como san Pedro en aquella etapa de su vida. Tenemos que abrazar el sacrificio y el sufrimiento, especialmente cuando no lo podemos evitar, y tenemos que renunciar a muchas comodidades del presente para ganar una felicidad eterna.

En el milagro y misterio de la transfiguración, vemos la luz de la gloria que ilumina el Calvario. La transfiguración revela también que Jesús es un super-Moisés; mientras que sólo el rostro de Moisés había resplandecido al bajar del monte Sinaí, aquí toda la persona de Jesús, hasta sus vestiduras, resplandece. La transfiguración es literalmente un cambio de figura, del modo de ser y de comportarse, que rompe aquello del refrán de *"genio y figura hasta la sepultura."* Nosotros estamos llamados a transfigurarnos o transformarnos, porque todos llevamos caretas o máscaras que pueden encubrir nuestro verdadero ser interior que debe ser el de

Cristo que está en nosotros desde el bautismo. No podemos hacernos cirugía plástica de modo que repentinamente nuestro rostro sea el de Cristo; nuestra transfiguración en Cristo es un proceso de fe que abarca toda la vida y que comienza desde dentro:

1) Debemos transfigurarnos totalmente: *cambiamos de niños/as a adultos, de comodones a serviciales; vemos un nuevo sentido en la vida; pasamos de valorar lo material a valorar más lo espiritual; los principios morales y las personas son para nosotros cada vez más importantes que las cosas; Dios va ocupando un lugar central en nuestra vida.*

2) Tenemos que purificar y eliminar todo lo que desfigura a las personas: pecados, vicios, pasiones, pobreza, prejuicios y marginaciones. Este trabajo de purificación nos ayuda a transfigurarnos a nosotros mismos.

3) Tenemos que transfigurar nuestro mundo y nuestra sociedad: *trabajando por crear un cielo nuevo y una tierra nueva, donde la hermandad, la justicia y el respeto sean la base de toda relación y de todos los valores.*

Jesús se transfiguró en el Monte Tabor y hoy, en nuestra liturgia, se nos transfigura en la Eucaristía. Lo reconocemos con fe en la comunión para poder reconocerlo transfigurado y glorioso en Pascua, y también en los que tienen hambre y sed, los que sufren persecución, los prisioneros, los discriminados, despreciados y los abandonados. *Mientras no reconozcas a Jesús transfigurado en los pobres no puedes ser tú transfigurado.*

3 DOMINGO DE CUARESMA

Tema: La purificación total

Lecturas: Exodo 20, 1-17 o bien 20, 1-3. 7-8. 12-17; primera a los corintios 1, 22-25; Juan 2, 13-25

El evangelio presenta a Jesús arrojando a los vendedores del templo, narración que san Juan pone al comienzo del ministerio público de Jesús, inmediatamente después de las bodas de Caná, porque debe ser vista desde la perspectiva del cambio y renovación total del sistema religioso y social judío que Jesús venía a efectuar. Los jefes religiosos judíos y los vendedores profanaban el templo haciéndolo centro de negocios, discriminaciones y barreras; cada grupo tenía su lugar en el templo y no debía mezclarse con los demás: los gentiles se quedaban fuera; los prosélitos, paganos convertidos al judaismo, junto a la puerta; las mujeres en su atrio y los hombres en el suyo; sacerdotes y levitas entraban en el patio interior; un sacerdote entraba en el edificio cada día para ofrecer incienso; sólo una vez al año el sumo sacerdote entraba al interior, al Santo de los Santos, el Día de la Expiación o *Yom Kippur*. Aquel templo material debía ser reemplazado por Jesús en persona, en quien todos por igual tenemos acceso al Padre. Hay que quitar todas las barreras y discriminaciones que nos alejan unos de otros y que acaban alejándonos de Dios. Además, los sacerdotes habían profanado el templo montando todo un negocio económico en favor del dios que más amaban, el dinero o Mammón.

Jesús empleó una violencia física simbólica para echar a los mercaderes del templo, aunque su verdadero poder estaba en su fuerza interior y en el látigo de su lengua. La violencia física queda fuera del espíritu cristiano, ya que el cristiano, en fin de cuentas, debe ser uno que no sabe matar pero que sabe morir. La única fuerza o violencia válida es la del amor que busca el bien de los demás, según la condición de cada uno: *al hipócrita hay que quitarle la máscara; al injusto hay que hacerle ver su injusticia; al escandaloso hay que echarle en cara el mal que hace; al despiadado hay que hacerle recapacitar.* . . . Jesús purificó el templo de Jerusalén, y ello le presagió su muerte (San Juan pone en futuro el verbo de la cita: "*El celo de tu casa me devorará.*"). La conducta de Jesús hacia el templo fue una de las acusaciones de los judíos durante la pasión.

Como Jesús, tenemos que trabajar para purificar los templos de los que formamos parte:

1) purificar el templo de nuestro cuerpo, por fuera físicamente, y por dentro la conciencia;

2) purificar el templo de la familia, la Iglesia Doméstica, con oración, amor, virtud, respeto, diálogo y perdón;

3) purificar el templo de nuestra Iglesia y religión, por medio de la predicación del evangelio como Buena Nueva para los pobres, la fe y la moralidad, eliminando toda superstición porque no es religión, y los deseos de ganancias económicas;

4) purificar el templo de nuestra sociedad civil, con sus costumbres, espectáculos y valores;

5) purificar la naturaleza misma, que también es templo de Dios, protegiéndola y preservándola. Los templos son profanados *por intereses económicos, barreras y discriminaciones, malos tratos, crímenes, injusticias, prejuicios, fraudes, abortos, y explotaciones al servicio del poder y del dinero.* El mundo no se purifica ni con detergentes ni con escobas, sino con el amor, respeto y perdón, a través de una conversión total a Jesús. Unica fuente de salvación.

La primera lectura de la liturgia contiene el Decálogo, los diez mandamientos que expresan el reconocimiento de la autoridad de Dios sobre el egoísmo humano. Más que una ley, los mandamientos son una revelación del amor de Dios hacia nosotros; son una llamada al respeto, a la libertad y al servicio. Podríamos verlos como las señales de tráfico que nos ayudan a dirigir la comunidad. Las leyes de Dios han sido reveladas para ayudarnos a ser santos, para encaminarnos a llegar más fácilmente a nuestro destino final que es Dios.

4 DOMINGO DE CUARESMA

Tema: El amor de Dios al mundo

Lecturas: segundo Crónicas 36, 14-16. 19-23; efesios 2, 4-10;
Juan 3, 14-21

El evangelio nos habla del amor sin límites de Dios que llega hasta
la locura, el sacrificio del Hijo para salvar a los esclavos. Algunos
consideran el versículo Jn 3:16, *"Tanto amó Dios al mundo. . . ."*
como el más consolador e importante de todo el evangelio de san
Juan y de toda la biblia. Desde la primera página del Génesis, el
amor de Dios está a la base de todo. Dios nos creó por amor, para
que le amemos e imitemos, y para que un día compartamos con él
la felicidad eterna en la gloria.

En la Ultima Cena, Jesús explica cómo llega el amor de Dios al
mundo: El Padre ama al Hijo; el Hijo pasa el amor del Padre a sus
discípulos; los discípulos se aman mutuamente y se convierten en
canales del amor de Dios para el mundo. El mundo deberá ver en
los cristianos los principales canales del amor de Dios, especialmente para las personas necesitadas.

El texto de hoy está tomado de la entrevista de Jesús con Nicodemo, el fariseo que vino de noche, ciego, para ver la luz. Nicodemo quizás venía de buena fe, aunque hay que recordar aquello
de que *"no hay peor ciego que el que no quiere ver."* A muchas
personas les gusta ser murciélagos, o por lo menos lechuzas,
porque no quieren ver la luz ni que se vean los verdaderos colores
de su mundo. *"De noche todos los gatos son pardos;"* solamente
de día se puede apreciar lo hermoso y bueno, y también lo peligroso. Jesús vino para traernos la luz, para que veamos las cosas
como Dios las ve y no nos engañemos o ceguemos. La luz de Jesús
está a nuestra disposición, pero hay gente que prefiere estar con
las ventanas cerradas.

Dios nos cuestiona porque es amor y porque quiere darnos la
vida eterna; la prueba de ello es que hubo y hay un Cristo vivo en
el mundo. *"Dios no envió a su Hijo a condenar"*. . . , como decía
un misal mexicano, *ni a la muchacha que ha dado un mal paso,
ni al que es pobre o vive y viste de un modo miserable, ni al di-
vorciado, ni al cónyuge infiel, ni al amigo interesado, ni al que no*

comparte sus ideas, ni al hijo pródigo. . . A nosotros nos gusta a veces condenar y cuestionar a los demás en lugar de cuestionarnos a nosotros mismos.

Dios quiere darnos una vida eterna pero quiere nuestra colaboración. Es trágico que los que más aman la vida terrena se olvidan de que la vida se prolonga más allá del tiempo. Dios no nos quiere salvar ni a la fuerza ni por decreto; no nos trata como si fuéramos marionetas o robots, sino que respeta nuestra libertad; quiere que así como los judíos en el desierto se salvaban mirando libremente a la serpiente que Moisés había levantado sobre un madero, ahora las personas se salven mirando libremente, con ojos de fe al Jesús crucificado y a los que se encuentran crucificados en nuestra sociedad: *"Verán al que traspasaron"*—quieran o no, todas las personas tendrán que enfrentarse a los que sufren, al Cristo que sufre en ellos, y tendrán que convertirse a ellos si es que se quieren salvar. San Mateo lo puso en su evangelio en la narración de juicio final. Los que no supieron mirar y ver a los necesitados, o los vieron y no hicieron nada por ellos, ésos son los que se condenan a sí mismos; pero no hay que olvidar que Dios quiere la salvación de todos.

5 DOMINGO DE CUARESMA

Tema: La hora de gloria es la oportunidad para el servicio

Lecturas: Jeremías 31, 31-34; hebreos 5, 7-9; Juan 12, 20-33

El evangelio cuenta la historia de los *"adoradores"* griegos que deseaban *"ver"* a Jesús; Jesús ya había anunciado a la mujer samaritana que el Padre buscaba adoradores que iban a adorar en Espíritu y en verdad. Estos adoradores griegos, para san Juan, representaban al mundo pagano que venía a Jesús para recibir los frutos de su pasión. Mientras los griegos buscaban a Jesús con fe, los judíos seguían en su incredulidad. Esa falta de fe de los suyos es lo que causa la profunda angustia y turbación de Jesús; en ellas ve san Juan una especie de reflejo de la agonía de Jesús en el Huerto de Getsemaní que narran los otros tres evangelios y que san Juan omite.

Como aquellos griegos del evangelio, los cristianos también deseamos *"ver"* a Jesús, por lo menos en la gloria; aquí ya lo vemos por medio de la fe en la Eucaristía, en los pobres, y en los que nos guían en la iglesia. Ante el deseo de aquellos gentiles, Jesús responde con una oración que resume su vida y misión, y nos llama a imitarle. Jesús ha venido a darnos vida, dando su vida por nosotros. Su *"hora"* era la oportunidad para dar el mayor servicio a la humanidad, mostrando su amor hasta el final de modo brillante y ejemplar, en su sacrificio en la cruz. San Juan ha escrito con sumo cuidado la respuesta de Jesús a la noticia de que deseaban verle. En medio de las dos referencias a su sacrificio y muerte (*el grano que muere, y su turbación*), san Juan repite en el mismo versículo tres veces el verbo servir, *diakoneo*, en griego. El sacrificio de Jesús fue su mayor servicio para la salvación de la humanidad. La repetición de la misma palabra tres veces es una invitación a meditar sobre su significado más profundo. Todos estamos llamados a seguir a Jesús en el servicio. Jesús no vino a ser servido sino a servir y dar la vida para la salvación de todos.

Al cristiano, como a Jesús, le llega su *"hora"* cuando se presenta la ocasión u oportunidad para servir y a sacrificarse; esa *hora* será su oportunidad para mostrar su amor y *"lucirse"* o ser luz. El servicio no siempre es fácil; puede a veces parecer duro y convertirse en un verdadero Calvario; pero cuando el servicio va inspirado y animado por un amor como el de Jesús, se convierte en algo glorioso. Jesús habla de su turbación y de *"librarse de esa hora,"* recordándonos la oración de la agonía de Getsemaní; además, san Juan añade que una voz de un ángel vino a consolarle; también en el evangelio de San Lucas aparece un ángel en la agonía de Jesús, cuando llegó a sudar sangre. La pasión no fue fácil para Jesús; fue un sacrificio inmenso y total. Cuando somos llamados al servicio en condiciones difíciles, tendremos que recordar ese amor de Jesús, para que nos dé inspiración y fuerzas para servir por amor.

En san Juan y san Lucas Jesús sufre agonía, no por sí mismo, sino por los demás, al estremecerse y llorar sobre la ciudad de Jerusalén el Domingo de Ramos, y ante la tumba de Lázaro; en las dos ocasiones Jesús estaba rodeado por gentes que no creían en él o no querían entender su misión y mensaje. Jesús se angustia en el evangelio de hoy ante los gentiles que le buscan y los judíos que le ignoran. Jesús no sufre por sí mismo sino por los demás y a causa de ellos. Nosotros los cristianos, más que ante el dolor propio, debemos conmovernos y angustiarnos ante el dolor de los demás y ante la falta de fe que nos rodea; el mirar a Jesús y el meditar en su pasión es lo único que nos dará fuerzas para sobrellevar nuestros propios dolores.

DOMINGO DE RAMOS

Tema: "Cada día es Viernes Santo".

Lecturas: Isaías 50, 4-7; filipenses 2, 6-11; Marcos 14, 1—15, 47 o bien 15, 1-39

El primer evangelio de este domingo narra la entrada de Jesús en Jerusalén aclamado por la gente. Jesús entra en la ciudad como un Mesías humilde, sobre un animal prestado, no como un guerrero glorioso a caballo. Entra sin ostentación militar, ya que su propósito es el cumplir los designios de Dios en su pasión. Es de admirar que mucha de la gente que el domingo aclamó a Jesús, fue quizás la que el viernes pidió a gritos su sangre. Jesús fue víctima de la inconstancia y veleidad humana.

La pasión es la cumbre de las luchas de Jesús; es la ratificación de todo lo que había dicho y hecho en los tres años de su ministerio. Jesús predicó y vivió en una lucha y oposición constante con las autoridades religiosas, sabiendo que todo se encaminaba a un final sangriento que anunció en tres ocasiones. Pero Jesús, más que de sí mismo, se preocupaba de ser fiel a los designios de Padre para salvar a su pueblo y a toda la humanidad.

Esta Semana Santa será bueno ir meditando sobre la conducta de los personajes de la pasión, y en sus paralelos que hay en nuestro tiempo: Hay gente que ante las situaciones difíciles y comprometidas, se lava las manos como *Pilatos*, por no decidirse y comprometerse, contribuye a que inocentes sigan sufriendo. Otros, como *Judas*, están dispuestos a vender sus valores y hasta su conciencia para hacer dinero. Algunos, como *Pedro*, siguen negando su fe y sus amistades por cobardía y por miedo. Hay algunos quienes, como *Herodes*, por ser superficiales, se burlan del dolor ajeno y de todo lo más sagrado. Algunos siguen siendo como *Caifás y los fariseos*, ciegos de envidia y de odio homicida, que sin respeto a los mandamientos de Dios, hacen daño a los que odian. Hay quienes son como *las mujeres de Jerusalén* que lloran y se lamentan pero se sienten impotentes para hacer nada y remediar las situaciones de injusticia. Hay también hoy *Cireneos y Verónicas* que hacen lo poco que pueden y se compadecen y ayudan a los que sufren. Hay, por fin, algunos quienes como *María y el Discí-*

pulo amado, saben acompañar a los que sufren en los momentos más difíciles hasta el final.

Esta Semana Santa se puede meditar también sobre los dolores de la triple pasión de Jesús: 1) Jesús sufrió una *pasión corporal y física,* con dolores terribles, sangre, azotes, espinas y clavos; la cruz era visto por los romanos como el suplicio supremo, solamente aplicable a los esclavos y traidores al imperio. 2) Jesús sufrió además una *pasión afectiva o sicológica* al traicionado y vendido por uno de sus propios discípulos, abandonado por sus amigos, y rebajado y comparado con un asesino, Barrabás. 3) Jesús sufrió una *pasión espiritual* que llegó a su máximo al ser condenado como blasfemo y enemigo de Dios, y hasta al sentirse abandonado por su mismo Padre. El grito dolorido de Jesús, *"Dios mío, Dios mío, ¿Por qué me has abandonado?"* es algo que nunca llegaremos a comprender plenamente.

"Cada día es Viernes Santo," dice el refrán español, porque la pasión de Jesús continúa hoy en su cuerpo místico, especialmente en los pobres, en los que sufren físicamente, en las víctimas de la injusticia, en los rechazados y despreciados por la sociedad, en los condenados y desprestigiados, y en los que religiosamente son desamparados y humillados de tantos modos. Todas estas personas podrán hallar la inspiración y las fuerzas para llevar sus cruces cuando miren a Jesús en la cruz que sufrió y continúa sufriendo en ellos y con ellos.

JUEVES SANTO
Misa vespertina de la Cena del Señor

Tema: mandamiento del amor

Lecturas: Exodo 12, 1-8. 11-14; primera Corintios 11, 23-26;
Juan 13, 1-15

Se solía decir que *"Tres jueves hay en el año / Que brillan más que el sol: / Jueves Santo, Corpus Christi y l'Ascensión"*. Este Jueves Santo la Iglesia tiene múltiples razones para dar gracias al Señor: Es el día de la Institución de la Eucaristía, del sacerdocio, y del mandamiento del amor. Sobre todo recordamos este día que Jesús nos amó hasta el final, hasta el extremo.

En la lectura del evangelio, Jesús predica con su ejemplo y enseña el significado de su pasión. Mientras que los evangelios sinópticos nos cuentan en la última cena la institución de la Eucaristía, san Juan nos cuenta el lavatorio de los pies durante la cena. La Eucaristía había sido ya presentada en el capítulo sexto del evangelio en el sermón del Pan de Vida. La Eucaristía y el lavatorio de los pies contienen el mismo mensaje de sacrificio y servicio, una llamada a la unión y comunión con Jesús y con nuestros hermanos y hermanas.

Jesús se nos da para que nosotros aprendamos a darnos a los demás; se hace servidor para invitarnos al servicio; se sacrifica para que nosotros aceptemos el sacrificio en nuestra vida con su poder de salvación; Jesús se humilla para que nosotros no huyamos de la humillación. La Iglesia, en este día, lava simbólicamente los pies de algunas personas para expresar su deseo y compromiso de aceptar el significado del amor y del sacrificio de Jesús para servir y salvar a la humanidad.

La Eucaristía con la presencia continuada de Jesús en medio de los suyos, tiene un significado especial en esta noche en la que Jesús se estaba despidiendo de sus discípulos. Jesús sabía que todos ellos, comenzando con Judas y Pedro le iban traicionar y abandonar dentro de unas horas. El sentimiento humano de Jesús en esos momentos hubiera sido el de abandonar y alejarse de aquellos amigos tan desleales. Pero Jesús hace todo lo contrario: les demuestra su amor con el sacramento de su presencia en medio de ellos. Porque Jesús los ama, no los abandona, aunque ellos lo abandonen a él. Jesús sabe ya que el ejemplo de su amor y sacrificio va a ser la inspiración y el motor de la vida espiritual de los suyos después de su resurrección.

Entre muchos hispanos, la noche del Jueves Santo es una noche especialmente santa. Muchos suelen participar en sus parroquias en Horas Santas que se organizan para recordar el Santo Dolor de Jesús en el Huerto y sus palabras de despedida durante la última cena. Muchas personas, siguiendo una tradición de origen romano, van a visitar la Eucaristía en siete iglesias. En muchos lugares se hace un esfuerzo para que este día el mayor número de personas que no pueden asistir a la misa pueda recibir la comunión en sus casas, especialmente los enfermos y minusválidos.

En muchas comunidades, siguiendo una tradición del tiempo de la colonia, después de la misa se distribuye el *Pan Bendito* que ha estado colocado en cestos delante del altar durante la misa. Al final de la misa el Pan Bendito se reparte entre los asistentes para que lo lleven a las personas que por diversas razones no han podido asistir a la misa; esta es una buena costumbre, ya que para algunos es su manera de comulgar en este día en que no se sienten dignos de recibir el Sacramento por considerarse pecadores o indignos.

El Jueves Santo será siempre un día muy apropiado para rezar por los sacerdotes que continúan haciendo lo que Jesús, en esta noche, mandó hacer en memoria suya. La vida del sacerdote lo llama de un modo especial a seguir el modelo de amor y sacrificio que Jesús nos dejó. Oremos para que los sacerdotes sean siempre fieles a su vocación.

VIERNES SANTO
De La Pasion Del Señor

Tema: Cada día es viernes santo

Lecturas: Isaías 52, 13—53, 12; Hebreos 4, 14-16; 5, 7-9; Juan 18, 1-19, 42

El día del Viernes Santo, es conveniente recordar el refrán español que dice que *"Cada día es Viernes Santo"*. Al contemplar el sacrificio y los dolores de Jesús con su cruz, tenemos que recordar que en nuestro mundo hay muchas personas que siguen llevando la cruz de los dolores y enfermedades, de la pobreza y de las muchas formas de discriminación y opresión en nuestra sociedad.

Para un cristiano debe resultar imposible el contemplar a Jesús llevando la cruz al Calvario, sin pensar en los que viven crucificados en nuestros días. *"Verán al que traspasaron"*, dice san Juan en la conclusión de su narración de la pasión. Los católicos estamos acostumbrados a ver el cuerpo de Jesús clavado en la cruz; los protestantes honran la cruz pero no quieren ver en ella el cuerpo de Jesús. Al ver a Jesús en la cruz debemos pensar en los que están atados a cruces en nuestros días, como lo son los enfermos y todos los que sufren por las injusticias de nuestra sociedad: los que no tienen papeles y por eso son perseguidos, los que no tienen seguro médico, los que han perdido el trabajo, las víctimas de abusos sexuales y domésticos, etc.

Tradicionalmente, los pueblos hispanos han reservado este día para recuerdos y celebraciones religiosas, ya que en este día no tiene que haber lugar para lo mundano. El pueblo sencillo, oprimido por tantas cruces, se identifica con Jesús en su pasión, con el Nazareno, de un modo especial. La *Procesión de las tres caídas, el Viacrucis*, se suele celebrar por la mañana, concluyendo con el recuerdo de las *Siete Palabras* de Jesús en la cruz. El recuerdo de Jesús llevando su cruz, ha llevado a muchos a recordarlo durante el Viacrucis, durante el cual, en cada estación, diferentes grupos de personas llevan la cruz, recordando las cruces de nuestros días: niños y niñas, los huérfanos, jóvenes, mujeres, hombres, desempleados, viudas, divorciadas, ancianos, sacerdotes, religiosas, etc.

El sermón de las *Siete Palabras*. recuerda a las personas que, ante los problemas que los afligen hoy, pueden tener los mismos sentimientos de Jesús en la cruz: Las que sienten que Dios las ha abandonado porque nadie parece preocuparse de ellas, las que encuentran difícil pronunciar palabras de perdón para los que las han ofendido, las que se sienten pecadoras e indignas del perdón de Dios, las madres que han perdido a un miembro de su familia recientemente, las que tienen hambre y sed de justicia, y muchas otras más.

En muchos lugares las celebraciones del Viernes Santo suelen concluir con el rito del *Pésame a la Virgen*, a la Soledad de María. Los fieles suelen ir a los templos por la noche para celebrar un velorio en torno a Jesús y a María, de modo semejante al que se hace cuando una persona amiga ha fallecido. A veces se rezan algunos misterios del rosario, se le da el Pésame a María pidiéndole perdón por la muerte de su Hijo y prometiéndole que el recuerdo y los deseos de Jesús van a formar parte de los planes de la comunidad para el futuro. Al final del servicio religioso, una verdadera paraliturgia, los participantes pasan silenciosamente ante la estatua de la Virgen Dolorosa, tocándole el manto, expresando los sentimientos que se suelen expresar durante un funeral. La ceremonia suele llegar al corazón de las personas despertando en ellas una profunda emoción que las lleva hasta derramar lágrimas.

DOMINGO DE PASCUA
LA RESURRECCION DEL SEÑOR—
Vigilia pascual en la noche santa

Tema: Jesús sigue resucitando

Lecturas: Génesis 1, 1–2, 2 o bien 1, 1. 26-31; Génesis 22, 1-18 o bien 22, 1-2. 9-13. 15-18; Exodo 14, 15–15, 1; Isaías 54, 5-14; Isaías 55, 1-11; Baruc 3, 9-15. 32–4, 4; Ezequiel 36, 16-28; Romanos 6, 3-11; (A) Mateo 28, 1-10; (B) Marcos 16, 1-7; (C) Lucas 24, 1-12

La Vigilia Pascual, la noche que recuerda la resurrección de Jesús, por las lecturas y ritos sacramentales que alargan considerablemente la celebración, es más apropiada para cristianos adultos y maduros que tienen una vivencia profunda de su fe, y para las personas que a lo largo del año se han estado preparando para la recepción de los Sacramentos de la Iniciación Cristiana.

La celebración litúrgica comienza con la bendición del fuego y la procesión con el Cirio Pascual. *"Esta es la noche"*, se dice repetidamente en el canto del himno del Exultet, en la que Dios obra por los fieles de hoy los milagros que obró a lo largo de los siglos en favor de su pueblo escogido, y lleva a su cumplimiento las promesas hechas en el antiguo testamento: Es la noche de una nueva creación, del nacimiento de un nuevo Pueblo Escogido, de la liberación del pueblo de los poderes del mal, y la noche en que celebramos nuestra nueva Alianza con Dios sellada con la sangre de Jesús. Esta es la noche que condensa todas las bendiciones que Dios ha dado a la humanidad a lo largo de su historia. Las lecturas bíblicas sirven a modo de última instrucción para los catecúmenos, las personas que van a recibir los Sacramentos de la Iniciación Cristiana.

En el centro de las celebraciones de esta noche de vigilia está la celebración del bautismo de los catecúmenos. Desde los primeros días de la Iglesia, el bautismo era el recuerdo central de la celebración de la resurrección de Jesús. A través del bautismo Jesús volvía a vivir de nuevo en el corazón de los que eran bautizados, ya que como nos lo recuerda san Pablo, los bautizados son revestidos de Cristo, y ya no viven ellos simplemente sino que Cristo vive en ellos. Los nuevos bautizados son incorporados al Cuerpo Místico de Cristo, a su Iglesia, y pasan a formar una comunidad y comunión con los santos que los han precedido a lo largo de la vida de la Iglesia; por esto, antes de la recepción del bautismo se invoca a los santos para que sean intercesores y testigos del milagro espiritual que va a suceder en la celebración.

Los nuevos bautizados pasan a recibir a continuación el Sacramento de la Confirmación, para que puedan vivir como cristianos adultos, que den testimonio valiente de su fe, tal como los hacían los primeros cristianos desde el comienzo de la Iglesia el día de Pentecostés.

La Eucaristía, con la recepción de la Comunión, es la culminación de la celebración pascual. Por primera vez, los nuevos bautizados van a pasar a unirse y formar un solo Cuerpo con el Cuerpo y la Sangre de Cristo. Si por el bautismo fueron conformados con la muerte y resurrección de Jesús, con la Comunión Eucarísitica comulgan de un modo especial con el sacrificio de Jesús como Pan de Vida y fortaleza de los creyentes. El cristiano sale de la celebración pascual renovado, más consciente de que el Cristo resucitado sigue viviendo en su corazón.

DOMINGO DE PASCUA
LA RESURRECCION DEL SEÑOR—
Misa del día

Tema: Cristo ha resucitado y vive para siempre

Lecturas: Hechos de los Apóstoles 10, 34. 37-43; Colosenses 3, 1-4 o bien primera a los Corintios 5, 6-8; Juan 20, 1-9 o bien Mateo 28, 1-10 o bien vespertinas Lucas 24, 13-35

Pascua es la "Solemnidad de las solemnidades," el centro del año litúrgico de la Iglesia. La naturaleza física resucita después del largo sueño del invierno. Mucho más profundamente, nuestra naturaleza espiritual vuelve a la vida y resucita con Cristo. Jesús vuelve a vivir, resucita, en cada bautizado. Cada bautismo es una resurrección de Jesús. Hoy la Iglesia bautiza a los catecúmenos porque en de ellos Cristo comienza a vivir de nuevo en el mundo para siempre.

Hoy los cristianos renovamos las promesas del bautismo, recordando nuestra vocación de encarnar y hacer vivir a Jesús en nuestros corazones, en nuestras mentes, en nuestras familias y en nuestra sociedad.

"Esta es la noche. . .", se nos decía en la vigilia pascual; "Este es el día. . .", se nos repite hoy; es un día de alegría, cambio, meditación, liberación, triunfo, aleluya. . . . Este es un "día" litúrgico que dura los cincuenta días del ciclo pascual.

El Evangelio de San Juan (c. 20) presenta la resurrección de Jesús con cinco narraciones con las cuales explica que la resurrección de Jesús es la transformación y glorificación de Jesús en el cristiano. A Jesús no se le encuentra en un sepulcro que está vacío; se le encuentra en los corazones llenos de fe y amor en el Señor. Al resucitar Jesús, los discípulos también resucitan a una nueva vida; quedan transformados en Jesús, y Jesús queda encarnado en ellos.

Jesús está vivo. No hace falta verle con los ojos del cuerpo para creer. La fe de los discípulos en la resurrección se desarrolló gradualmente, venciendo las dudas y la incredulidad. El discípulo amado tenía ojos de amor, una intuición amorosa que le permitió ver el significado del sepulcro vacío mientras Pedro permanecía en la oscuridad. El discípulo amado comprendió en ese momento que a Jesús había que buscarlo entre los vivos y en los "vivos," en los creyentes.

María Magdalena fue al sepulcro buscando el cadáver de Jesús para llevárselo; la resurrección fue también para ella una gran sorpresa; no reconoció a Jesús hasta que le oyó llamarla por su nombre. El Jesús resucitado se aparece con caras diferentes: como jardinero a la Magdalena, y como peregrino a los discípulos de Emaús; como un desconocido a orillas del lago de Galilea; el Jesús que comenzó su ministerio como un desconocido en medio de su pueblo (Jn 1:26), sigue siendo el desconocido que debemos identificar en medio de nosotros.

Como leemos en el evangelio de la misa vespertina de este día de Pascua, nosotros también seguiremos reconociéndole cuando nos llame por nuestro nombre y en la Fracción del Pan que celebramos en la Eucaristía. En la misa, como en el diálogo de Emaús, tenemos la Litúrgia de la Palabra (como los discípulos al caminar con Jesús fueron escuchando su interpretación de las Sagradas Escrituras) y la Fracción del Pan, donde reconocemos la presencia sacramental de Jesús en la Eucaristía.

La tumba de Jesús era temporal, como la de Lázaro. Los discípulos de Emaús volvieron a donde estaban los demás discípulos para contarles su experiencia con Jesús y para darles la Buena Noticia; junto con ellos, experimentaron de nuevo la presencia de Jesús.

2 DOMINGO DE PASCUA

Tema: Dichosos los que creen sin haber visto

Lecturas: Hechos de los Apóstoles 4, 32-35; primera Juan 5, 1-6; Juan 20, 19-31

El evangelio nos cuenta las apariciones de Jesús, el día de la resurrección y ocho días más tarde, en un día como hoy. Los apóstoles no fueron sentimentalistas fáciles de convencer; querían pruebas de la resurrección. Jesús se aparece en medio de sus discípulos y les lleva la paz y la alegría; porque el que ve a Cristo resucitado no puede estar triste. Jesús comenzó mostrando sus llagas para mostrar que era el mismo Cordero que había sido sacrificado; después de repetir su saludo de paz, Jesús les habla como un ser plenamente glorioso y divino que los bautiza, en este Pentecostés del Cenáculo, con el Espíritu Santo, como Juan Bautista lo había anunciado al comienzo del Cuarto Evangelio. Sobre los apóstoles viene el Espíritu y se queda sobre ellos, como antes lo hizo con Jesús en el bautismo en el río Jordán; ellos van a ser los corderos que quiten los pecados del mundo, porque ahora los apóstoles van a recibir la personalidad y la misión de Jesús; Jesús vivirá en ellos. El Espíritu tiene una función especial de reconciliación y de perdón, en medio de una lucha contra la injusticia y el pecado del mundo contra el cual el Espíritu da testimonio (Ultima Cena). Los cristianos, resucitados con el Espíritu de Jesús, viven una vida nueva estando llamados a ser agentes de justicia, reconciliación y perdón.

Ocho días más tarde, Jesús se les apareció y les deseó la paz por tercera vez, y fue reconocido como *Señor y Dios* por Tomás y los demás. El miedo de unos y la incredulidad del otro eran mucho peor obstáculo para dejar entrar a Jesús que las puertas cerradas del Cenáculo. Tomás no quiso creer a sus compañeros y darles su voto de confianza; pretendía que Jesús viniera a él directamente y de acuerdo a las condiciones que él ponía. La Buena Noticia sobre Jesús nos viene a través del testimonio de los hermanos y de la Iglesia a lo largo de los siglos; no hay que pretender que Jesús se siga apareciendo físicamente a lo largo de la historia a cada terco o incrédulo que lo desee o lo exija.

Los apóstoles vieron a Jesús, pero les costaba creer (los judíos vieron los milagros pero no creyeron); porque la fe es don de Dios. Jesús se apareció y se dejó ver para que los apóstoles pudieran desempeñar mejor su función de testigos y de comunicar su experiencia de Jesús. Hoy también podemos decir bienaventurados los que creen sin haber visto. . . . *que Cristo está presente en el niño aún por nacer; en el esposo o la esposa; en el hijo o hija rebelde; en el pobre discriminado; en el extranjero indocumentado; en la enfermedad que parece no tener remedio; en el obrero desempleado; en los obispos y sacerdotes a pesar de sus defectos; en las injusticias de la sociedad.* . . .

En este día cuando leemos la confesión de fe de santo Tomás se podría invitar a los fieles a profesar su fe en la presencia real de Jesús en la Eucaristía, diciendo en voz alta el *"Señor mío y Dios mío"* de Tomás en el momento de la consagración de la misa. También, recordando que el Jesús resucitado nos trae la paz definitiva, se podría hacer el rito de paz con algo más de solemnidad.

3 DOMINGO DE PASCUA

Tema: Resurrección, mensaje de perdón y de conversión

Lecturas: Hechos de los Apóstoles 3, 13-15. 17-19;
primera Juan 2, 1-5; Lucas 24, 35-48

El evangelio de san Lucas nos cuenta la última aparición de Jesús, en el cenáculo, en la noche del domingo de la resurrección. Como san Juan en el caso de santo Tomás, san Lucas pone énfasis en la realidad física de la aparición (Jesús come en presencia de los discípulos), ya que era especialmente importante para sus lectores griegos. La resurrección no era una mera fantasía sicológica sino algo muy real y distinto de todo lo experimentado anteriormente; el evangelista la presenta como algo físico para que el lector se convenza mejor de su verdad. En medio de una comida, al partir el pan, en medio de su conversación, Jesús se hace realmente presente a sus discípulos, y se sigue haciendo presente hasta ahora en el banquete eucarístico.

Los apóstoles sintieron miedo, reacción humana normal ante la presencia extraordinaria de la acción de Dios; el miedo muestra que la resurrección no fue algo inventado o fabricado; era una realidad divina y misteriosa que iban a entender gradualmente según su capacidad humana. En este evangelio encontramos las últimas palabras e instrucciones de Jesús resucitado en san Lucas: se centran en el perdón que hay que dar y predicar; en la cruz, la primera palabra había sido "Padre, perdónales. . . ." Para el cristiano, la última palabra al fin del día y de su vida deberá ser una palabra de perdón para quienes le han ofendido.

Hasta ahora, para nosotros, la resurrección es un misterio. Jesús les abrió el entendimiento para que tuvieran una perspectiva más amplia del plan providencial de Dios. Jesús, a través de los sufrimientos, pasa a revelarse como el HOMBRE NUEVO, creador de la Nueva Humanidad, que viene a traer el amor perfecto, el perdón y la conversión a todos, comenzando con sus propios asesinos en Jerusalén. Los discípulos deberán seguir sus pasos e imitar su ejemplo.

Jesús comió pescado con los discípulos. El PEZ, que también aparece en la multiplicación de los panes, pronto se convirtió en un símbolo cristiano popular basado en las siglas de la palabra "*Pez*" en lengua griega: *IXZUS* = Iesus (Jesús), Xristos (Cristo), Zeou (de Dios), Uios (Hijo), Soter (Salvador). Hoy debemos orar para que también a nosotros el Señor nos abra el entendimiento, como lo hizo con los discípulos. . . . *para conocer mejor su palabra, para ver su mano en lo que nos sucede, para comprender mejor a un miembro de la familia, para no dudar tanto de los demás, para entender los cambios en la Iglesia, para descubrir su amor en una prueba o enfermedad, para ver cómo podemos crear hoy una nueva comunidad con amor universal, donde no haya barreras, desigualdades, marginaciones ni miserias.*

Siempre me ha llamado la atención el que Jesús resucitado habla muy poco del pasado, de lo que había dicho o hecho antes de su pasión; tampoco habla sobre cómo se habían comportado o lo habían defraudado sus discípulos en la pasión. El mensaje del Jesús resucitado mira al futuro, al perdón, reconciliación, y misterio sin límites. El Cristiano que resucita con Cristo no debe traer a la memoria los rencores y errores del pasado; debe dejar atrás el pasado y comprometerse a crear un futuro nuevo en la reconciliación y el perdón.

4 DOMINGO DE PASCUA

Tema: el Buen Pastor

Lecturas: Hechos de los Apóstoles 4, 8-12; primera Juan 3, 1-2; Juan 10, 11-18

El evangelio nos presenta una sección de la conocida parábola del Buen Pastor en línea con la visión de Dios como el pastor de Israel en el antiguo testamento. Los líderes del pueblo habían sido llamados a ser pastores que cuidaran de las ovejas y se sacrificaran por ellas, pero desde los días del rey David, los pastores habían dejado mucho que desear.

Al considerar estas parábolas, tenemos que recordar que en nuestra sociedad abundan los pastores; estos pueden ver en Jesús la imagen y el modelo del pastor ideal y la manera de relacionarse con sus ovejas. Tenemos pastores *religiosos* (obispos, sacerdotes, religiosas, pastores, predicadores), *políticos* (alcaldes, concejales, diputados, senadores), *familiares* (papá, mamá, hermanos/as mayores, abuelitos/as), *sociales* (líderes, médicos, abogados, consejeros).

El Buen Pastor prueba su bondad con sus acciones: 1) es una persona entregada, que da su vida por las ovejas; 2) va delante de ellas y les abre camino; da la cara a los peligros, se arriesga y no las abandona; 3) no ahorra esfuerzos ni fatigas porque las ovejas le son preciosas; 4) las conoce con el conocimiento afectivo del lenguaje bíblico, y es conocido por ellas, porque entre las ovejas y el pastor hay un trato íntimo y familiar, una presencia continua 5) atiende a sus necesidades y enfermedades; 6) busca y trae a las ovejas que se apartan del rebaño; 7) busca nuevos pastos; 8) les habla y escuchan su voz; 9) la finalidad de su trabajo es que las ovejas tengan paz y descansen (El Pescador: "*Mi trabajo, que a otros descanse. . . .*").

Jesús advierte contra la conducta de los malos pastores, y en especial de los mercenarios. El mal pastor, el mercenario 1) trabaja sólo por el salario, por obligación, sin verdadero interés; 2) se preocupa de apacentarse y alimentarse a sí mismo más que de alimentar a las ovejas; 3) abandona el rebaño ante el peligro; 4) puede ser duro, corrupto e irresponsable.

Todos somos o pastores o mercenarios; a veces, algunos pastores se convierten en lobos. Estamos llamados a ser pastores o guardianes unos de otros (recuerden que Caín fue el primer lobo que no quiso ser *guardián de su hermano*). Hay que recordar que somos también ovejas que siguen y escuchan al pastor por decisión propia, y que no debemos convertirnos en *borregos* que van a montón, "*a donde va Vicente, a donde va la gente.*" Seguimos a Jesús por voluntad y decisión personal porque se ha dignado llamarnos a ser parte de su rebaño.

Este domingo se celebra en muchos lugares el Día Universal de las Vocaciones Sacerdotales y Religiosas: Hoy Jesús necesita y busca amigos/as que le cuiden el rebaño. Las vocaciones nacen en el seno de la familia y de la parroquia. La vida pastoral y religiosa exige amor, servicio, oración, austeridad o pobreza, y sacrificio. *¿Cómo va a apreciar nuestra juventud esa clase de vida si en la familia y en la parroquia sólo ve pleitos y peleas, falta de servicio, falta de oración, y sólo búsqueda de lujos y comodidades?* Veamos qué se puede hacer para que nuestras familias y parroquias sean nidos de vocaciones religiosas.

5 DOMINGO DE PASCUA

Tema: Unión con Cristo

Lecturas: Hechos de los Apóstoles 9, 26-31; primera Juan 3, 18-24; Juan 15, 1-8

El evangelio nos llama a ser *"cristianos de pura cepa,"* cristianos unidos a Cristo y creadores de unidad, que reciben de Cristo la savia y la transmiten a los demás. Para san Juan, la unidad en la Iglesia era de una importancia especial porque algunos cristianos se habían salido ya de la Iglesia; por ello insiste en el evangelio que Jesús desea que haya un solo rebaño y un solo pastor que reúna a todos los hijos de Dios en torno a él. Los sarmientos están unidos a la vid mucho más fuertemente que las ramas de cualquier árbol a su tronco. La poda es necesaria para que la vid de fruto; la vid se poda más radicalmente que otras plantas, quitándole todas las ramas supérfluas para que produzca más fruto; la uva (como el trigo y la oliva) debe ser aplastada para que dé mosto y vino. Por todo esto, la vid es tan buena metáfora para la vida cristiana.

El texto de la parábola de la vid y los sarmientos repite siete veces la palabra *"permanecer"* en la vid y *"en mí."* Esta parábola marca la parte central de todo el discurso de la última cena, y condensa el mensaje de Jesús a los discípulos sobre el amor, la unidad y el sacrificio.

Los primeros cristianos "permanecían" *unidos en la oración, doctrina y enseñanza de los apóstoles, el testimonio, el compartir y el Partir el Pan:* La oración, doctrina, trabajo apostólico, el amor y los sacramentos, nos unen a Cristo y a los demás, y nos dan su savia y su vida para dar fruto. Las ramas infructuosas, *las que se separan de las demás, las que no participan* de la oración, el amor, la enseñanza, la convivencia y los sacramentos, *acaban secándose* y son separadas de la vid.

No basta ser católico nominal, bautizado; hay que ser católico comprometido vivo y activo. Quizás ésto explica el por qué algunos católicos estériles acaban a veces fuera de la Iglesia; es porque nunca estuvieron realmente dentro. La imágen de la vid y de los sarmientos nos presenta la misma idea del Cuerpo Místico de Cristo que encontramos en San Pablo. En el antiguo testamento, todo Israel era comparado con una viña, objeto de los amores y desvelos de Dios (Is 5:1-7). Cristo es la vid, y también lo es cada cristiano. Los sarmientos brotan unos directamente de la vid (como los apóstoles, de Jesús) y otros brotan los unos de los otros (los cristianos son sarmientos los unos de los otros; los hijos/as son sarmientos de los padres); el sarmiento que se corta y se separa de los otros, automáticamente se separa de la Vid (Cristo), porque el cristiano que se separa de los hermanos/as automáticamente se separa de Cristo.

Jesús fue la primera Vid que el Padre podó en la pasión, y el primero en dar frutos. Las pruebas, tribulaciones, persecuciones y desafíos, nos podan para que demos más fruto, a semejanza de Jesús.

Teniendo en cuenta el modo de hablar de Jesús, hoy uno podría decir *"Yo soy la electricidad, y ustedes son los electrodomésticos."* Los electrodomésticos que tenemos en cada casa, la radio, televisión, tostadora, lavadora . . . podrán ser muy hermosos y lujosos, pero serán inútiles si no están conectados y enchufados a la corriente eléctrica que les da vida y los hace útiles para las personas.

6 DOMINGO DE PASCUA

Tema: Dios es amor

Lecturas: Hechos de los Apóstoles 10, 25-26. 34-35. 44-48; primera Juan 4, 7-10; Juan 15, 9-17

El evangelio de este domingo es la continuación del evangelio de la semana pasada y contiene el centro doctrinal del Sermón de la Ultima Cena. El versículo 5:11 es considerado por algunos expertos como el centro de todo el mensaje del sermón, y de toda la misión de Jesús: *"Les he dicho esto para que mi alegría esté en ustedes y su alegría sea plena."* La alegría cristiana tiene por clave está en el amor desinteresado. El amor de Cristo, puesto a trabajar en nosotros, es fuente de una alegría y paz que nada en el mundo puede turbar. El cristiano verdadero no puede dejar de ser una persona alegre, pues como suele decirse, *"un santo triste es un triste santo."*

San Juan hace una inclusión literaria—que es una especie de *sandwich* literario—al presentar el mandamiento del amor según el modelo de Cristo:

Jn. 5:12—Este es el *mandamiento* mío: *Que se amen los unos a los otros.*

—Nadie tiene mayor amor que el que *da su vida* por sus amigos.
—Ustedes son mis amigos si *hacen lo que les mando.*
—A ustedes los llamo amigos . . . porque lo que he oído . . . *se lo he dado a conocer.*
—*Yo los he elegido* . . . para que vayan y den fruto.

Jn. 15:17—Lo que les *mando es que se amen los unos a los otros.*

El amor tiene, para San Juan, cinco dimensiones o aspectos: Se mide en términos de SACRIFICIO, de *"dar la vida,"* no de golpe, sino gota a gota, cada día, en la familia, escuela, trabajo, apostolado. Amor es OBEDIENCIA a los mandamientos de Dios y obediencia mutua entre los hermanos, *"si hacen lo que les mando,"* con una obediencia como la de Jesús. El amor cristiano es y produce AMISTAD, *"a ustedes los llamo amigos,"* porque el amor y la amistad es, sobre todo, REVELACION, intimidad y comunicación profunda, *"se lo he dado a conocer todo,"* lleva al conocimiento mutuo. La capacidad de amar revela al ELEGIDO de Dios, *"yo los he elegido."* Todo amor cristiano es una ELECCION o una opción y decisión que hacemos por una persona, guiados por las miras más altas que las de una simple atracción humana.

La palabra *"amor"* está en labios de todos, de los cristianos y hasta de los cantantes; el amor puede ser una moneda auténtica y una moneda falsa; por ello es importante verificar su autenticidad con los criterios que nos da el evangelio de hoy, viendo las cualidades del verdadero amor cristiano.

La segunda lectura nos ofrece una de las grandes "definiciones" de Dios que encontramos en san Juan: DIOS ES AMOR. Dios es también LUZ y ESPIRITU. Dios es el amor concreto, activo y creativo. Nuestro amor humano es una respuesta a lo bueno y hermoso, mientras que el amor de Dios toma la iniciativa y nos hace buenos; *Dios nos amó primero*, aun cuando no éramos buenos.

Nuestro amor es ante todo una respuesta a Dios y un eco de su amor. Los filósofos reducían a Dios a una idea general de bondad, poder, justicia y sabiduría. San Juan nos dice que Dios es amor bajo todos sus aspectos: misterio, sacrificio, alegría, generosidad, creatividad, fidelidad, iniciativa, revelación y perdón.

Dios había revelado su amor en los sucesos concretos de la historia de Israel, y lo sigue revelando en la historia de la Iglesia y de cada pueblo. Amar es conocer, y conocer es amar, en un sentido bíblico de relación íntima. Dar amor es más dichoso que recibirlo. Se sabe que una persona tiene amor, cuando lo da; el amor es lo único que se retiene y aumenta cuando se da; el amor no se puede guardar escondido y sin darse, ya que se convierte en una ilusión. ¿Es fácil amar? ¿Es fácil ser como Dios?

LA ASCENSION DEL SEÑOR

Tema: La gloria de Jesús

Lecturas: Hechos de los Apóstoles 1, 1-11; Efesios 1, 17-23 o bien 4, 1-13 o bien 4, 1-7. 11-13; Marcos 16, 15-20

Más que un simple acontecimiento de la historia humana, la Iglesia celebra hoy el acontecimiento "teólogico" de la Ascensión, *el triunfo cósmico y la exaltación del Jesús Resucitado, y de Dios, sobre todos los poderes y estructuras del universo*; esto debemos tenerlo en cuenta al leer en la primera lectura el suceso "histórico" de la Ascensión. Jesús está *"sentado a la derecha del Padre,"* compartiendo su poder y su gloria.

La Ascensión está íntimamente ligada a la pasión-resurrección; de hecho, para San Juan, la ida de Jesús al Padre se da en la cruz. El que se humilló profundamente ha sido exaltado; el que desapareció en su sepuldro aparece en la gloria revelando su destino final, y el nuestro. Desde que Jesús *"subió al cielo"*—se fue de este mundo al Padre, subió a Dios,—Jesús está en todas partes, porque Jesús está en Dios, en el Padre.

El poder y la gloria de Jesús se hacían presentes y actuaban en los discípulos, en los signos que hacían en su trabajo apostólico. Nuestros trabajos revelan hoy la gloria y la presencia de Jesús. Hoy podemos cantar con fe profunda, y no con mero gozo triunfalista, que CRISTO VENCE, CRISTO REINA, CRISTO IMPERA, en nuestro mundo y en nuestra vida personal.

La Ascensión es la cumbre de la resurrección en la persona de Jesús; Pentecostés será la cumbre de la resurrección en la vida de la Iglesia por la acción del Espíritu Santo. Nosotros vamos a seguir los pasos de Jesús; en nuestro futuro ya no hay muerte sino VIDA en Dios. Esta es la esperanza a la que estamos llamados (segunda lectura) de un modo especial en esta fiesta. A donde nos ha precedido Cristo, que es nuestra Cabeza, le seguiremos nosotros que somos miembros de su Cuerpo. La Ascensión es nuestro futuro de poder y gloria.

La primera lectura ofrece la narración "histórica" de la Ascensión, junto con su dimensión teológica; sirve de transición entre Pascua y Pentecostés; cierra la actividad terrena de Jesús y prepara para la acción del Espíritu. Para S. Lucas, toda la vida de Jesús había sido una subida o ascensión de Jesús hacia Jerusalén para escender desde allí al cielo. La Ascensión había sido ya prefigurada en la transfiguración, cuando Moisés y Elías—seres "venidos desde el cielo"—hablaron con Jesús sobre su *"Exodo"* de la pasión-ascensión, retorno al Padre y entrada en su gloria, la tierra prometida del "Paraíso".

La fe en la Ascensión es condición para que venga y actúe el Espíritu Santo; es el preanuncio de la venida final de Jesús. En su Ascensión Jesús se revela totalmente libre de las ataduras terrenas y está con el Padre (no va volando como un *Superman*); la nube (la presencia de Dios en el Antiguo Testamento) lo cubrió de los ojos humanos para que pudieran verle los ojos de la fe. Grandes hombres y mujeres de todas las culturas y de todos los tiempos, especialmente los reyes, siempre aspiraron a volar y subir al cielo, a la morada de Dios (Is. 14). Jesús es el primero que lo logra, pero con Jesús ascende(re)mos todos los cristianos, sus hermanos/as. Mientras estamos en la tierra, nos toca continuar luchando y trabajando por transformar nuestro mundo tal como Jesús trabajó y luchó, porque en su Ascensión descubrimos nuestra vocación, y que su poder y misión son los nuestros.

En la historia de la Ascensión, san Lucas piensa, sobre todo en la acción del Espíritu Santo, a la que alude repetidamente en la narración. La era del Espíritu Santo estaba a punto de comenzar; por eso no parece poner demasiado énfasis sobre lo que le sucede a Jesús sino sobre lo que va a suceder en breve en la vida de los discípulos. Ellos han sido escogidos providencialmente para llevar a cabo los planes de Dios de salvar a todo el mundo a través del mensaje de Jesús.

7 DOMINGO DE PASCUA

Tema: En espera del Espíritu

Lecturas: Hechos de los Apóstoles 1, 15-17. 20-26;
primera Juan 4, 11-16; Juan 17, 11-19

El evangelio, tomado de la Oración Sacerdotal de Jesús en la Ultima Cena, mira al futuro de los apóstoles y de la Iglesia. Para perseverar en la misión de Jesús, los discípulos necesitan toda ayuda humana y divina. Jesús, durante su vida, los escogió, instruyó, corrigió, protegió y defendió. El Espíritu Santo se encargará de hacer por los discípulos de todos los siglos lo que Jesús hizo por los apóstoles durante su estancia en la tierra. Continuará la misión de Jesús y los llevará a la plenitud de la verdad.

En el evangelio de San Juan, como decíamos la semana pasada, una meta clave de la misión de Jesús es que sus discípulos *"tengan su alegría cumplida."* Esa alegría va a provenir del saberse protegidos por Dios, llamados por él a ser parte de su proyecto para crear un mundo nuevo, como Jesús, *por medio de su propia consagración y sacrificio.*

Del grupo original de los Doce, sólo se perdió Judas, el apóstol que más protestó cuando oyó el discurso de Jesús sobre la Eucaristía con lo que ello significaba: el darse a los demás y sacrificarse por ellos.

Los cristianos tienen que trabajar por crear un mundo nuevo en medio del mundo viejo, porque el Reino de Jesús aunque *no es de este mundo está en este mundo.* Los discípulos tienen que guardarse de lo *mundano.* La revelación de Jesús, su verdad, les marcará el camino a seguir. El mundo que se opondrá a los cristianos es el mismo que se opuso y dió muerte a Jesús: *el mundo de intereses religiosos falsos, de poderes políticos sin conciencia, y de intereses económicos egoístas que nunca pueden aceptar el amor a las personas como regla de vida.*

Los discípulos, en todo tiempo, necesitarán la guía del Espíritu de Verdad que les ayude a enfrentarse al mundo con sus caretas y mentiras. Jesús fue enviado al mundo para luchar y sacrificarse; éso mismo tendrán que hacer los discípulos con la ayuda del Espíritu. La vida cristiana es un gran desafío a seguir los pasos de Jesús, imitando su amor y sacrificio.

Hace unos años, un grupo de gente quiso escaparse de este mundo creyendo que iban a viajar en una nave espacial siguiendo a un cometa; a ejemplo de su líder, se suicidaron. Creían que su líder sabía bien lo que iba a suceder y confiaban en él. Solamente confiando y siguiendo a Jesús nos vamos a liberar de las ataduras de nuestro mundo. Jesús nos dio ejemplo en esta vida y nos ha precedido a la vida eterna. Siguiéndole a él, e imitando su vida, esperamos ser transformados y tener un destino eterno con él. Mientras estamos en este mundo debemos trabajar para convertirlo en un lugar donde reinen la justicia y el amor.

FIESTA DE PENTECOSTES

Tema: El Espíritu de Jesús en la vida del cristiano

Lecturas: Hechos de los Apóstoles 2, 1-11; primera carta a los corintios 12, 3-7. 12-13 o bien gálatas 5, 16-25; Juan 20, 19-23 o bien Juan 15, 26-27; 16, 12-15

La descripción de la venida del Espíritu Santo en los Hechos de los Apóstoles es presentada por S. Lucas como la Anti-Babel del nuevo testamento: En Jerusalén pasa todo lo contrario a lo "sucedido" en la torre de Babel: en una ciudad se reunen gentes de todos los rincones del mundo (S. Lucas parece gozarse en su lista de 17 naciones), y por un milagro de Dios, todos oyen y entienden la misma lengua, la lengua del Espíritu de amor. La gente *oía* hablar a S. Pedro en su propia lengua—se trataba más de un don de oídos que de un don de lenguas. Más que nunca necesitamos hoy el don de oídos.

Para los judíos, la fiesta de Pentecostés celebraba las primicias de la cosecha de cereales y el don de la Ley en el monte Sinaí. En Pentecostés, después del sermón de San Pedro, vemos los primeros frutos de la abundante cosecha que Dios tiene preparada en la Iglesia. En el nuevo testamento, el don de la Ley es sustituido por el don del Espíritu, como Dios lo había anunciado en los profetas: *"Escribiré mi Ley en sus corazones . . . pondré mi Espíritu en ellos."* Los signos de la presencia del Espíritu de Dios—viento, temblor y fuego—nos recuerdan la visión de Elías en el Sinaí, cuando Dios no estaba ni en el huracán, ni en el temblor, ni en el fuego, sino en una suave brisa.

Si Pascua fue una Nueva Creación, Pentecostés es una Nueva Alianza, renovación y misión. Los apóstoles proclamaban las grandezas de Dios, como María en el *Magnificat*, lo que Dios estaba haciendo en favor de los pobres y sencillos. Hoy es conveniente recordar que el primer título que la Iglesia da al Espíritu Santo en la poesía de la *Secuencia* que se lee después de la segunda lectura de la misa, es el de *"Padre de los pobres."* Además, es el mismo Espíritu de Dios que movió a Jesús a anunciar *"la Buena Nueva a los pobres."* No puede haber una persona que tenga el auténtico Espíritu de Dios y que no esté profunda y activamente comprometida por los pobres y sus causas (Hay que recordar esto a los grupos carismáticos que tengan tendencia a aislarse).

En el nuevo testamento hay varios lugares en los que el don Espíritu se asocia con "lenguas"; en la primera lectura rompe los obstáclos creados por la multiplicidad de lenguas humanas; en otros textos Espíritu inspira nuestra lengua para que le hablemos a Dios como conviene; en los evangelios el Espíritu nos capacita para hablar sobre Jesús (dar testimonio) y vencer al mundo.

Hoy podemos meditar también de los dones y carismas que Dios da a cada persona para servicio y edificación de la comunidad. Los carismas crean diversidad y diferencias en la comunidad, pero no deben crear desigualdades o superioridades; son signos de la presencia del Espíritu en la comunidad. No deben producir uniformidad ni individualismo o exclusivismo, sino más bien apertura universal y sin límite a todo lo bueno que nos rodea.

El evangelio, el mismo que se leyó el segundo domingo de Pascua, nos presenta el Pentecostés Joánico del cenáculo, el día de la resurrección. El Espíritu Santo está ligado a la pasión de Jesús y al perdón de los pecados. Para poder ser los "dobles" de Jesús, especialmente para predicar su amor, conversión y perdón, hay que tener el Espíritu de Jesús. Jesús sopló sobre sus discípulos como Dios sopló sobre el barro de Adán en la primera creación, para crear personas nuevas *espirituales.* Un ser sin espíritu está muerto; también la letra sin el espíritu está muerta o vacía. El Espíritu de Dios da vida. El que tiene el Espíritu tiene Vida y puede darla a otros. Si alguien se pregunta sobre si el Espíritu vino el día de Pentecostés o el día de Pascua, habrá que decirle que en la Escritura el Espíritu se da de muchos modos y en muchas ocasiones, aun a la misma persona (María fue llena del Espíritu en la Anunciación y en Pentecostés). Decimos que se da el Espíritu de Dios cada vez que revela su presencia activando de un modo especial alguno de sus dones.

LA SANTISIMA TRINIDAD

Tema: El Misterio de la Trinidad

Lecturas: Deuteronomio 4, 32-34. 39-40; romanos 8, 14-17;
Mateo 28, 16-20

La Santísima Trinidad: ¿Quién es Dios? ¿Cómo es Dios? ¡Misterio! Para muchos la Trinidad es un *problema de matemáticas* incomprensible: uno es igual a tres. Para otros *es una mera teoría.* Para otros es *una isla* en el Atlántico, *una región, una universidad, o una estación del metro* de París. San Agustín quiso comprenderlo, aunque esto es imposible para la mente humana, pero encontró en la playa a un niño que quería hacer algo equivalente: meter toda el agua del mar en un hoyo en la arena.

Continuamente recordamos este misterio al hacer la señal de la cruz. Todo lo hacemos en el nombre del Dios trino. La misa comienza con el saludo trinitario que leemos hoy en la carta de S. Pablo: *"La gracia de nuestro Señor Jesucristo, el amor del Padre y la comunión del Espíritu Santo, estén con ustedes."* Dios es gracia, amor y comunión; esto es lo que deseamos tener entre nosotros. Somos imágen de Dios, de la Trinidad, de la Familia de Dios, en cuanto individuos y en cuanto Iglesia. Jesús oró para que todos fuéramos UNO como EL y el Padre son UNO. La unidad de Dios es modelo para nosotros.

En el Prefacio de la misa de hoy, la Iglesia habla de la fe en la Trinidad en términos de la experiencia o vivencia de Dios de la comunidad cristiana: *creemos lo mismo, sin diferencia ni distinción, sobre las tres* Personas divinas. Adoramos a tres Personas distintas, en la unidad de un solo ser, e iguales en su majestad. Por eso creemos que nuestra vocación nos llama a ser *personas* distintas, a vivir *unidos,* a *respetarnos* mutuamente por reconocer la *igualdad y sacralidad* a la que nos ha elevado el Señor en su Hijo. Dejemos a los demás que sean diferentes, amémosles y respetémosles.

Recordemos que la belleza de un ramo de flores proviene de la diversidad y variedad de las clases, colores y tamaños de las flores; sin la variedad y la diversidad, sin los contrates que las flores ofrecen, los ramos de flores serían todos iguales y nos cansarían. Todos somos como flores en el jardín de Dios, y la belleza de unas hace resaltar la belleza de las otras. Recordemos siempre en nuestra convivencia la recomendación de San Agustín: *"En lo necesario unidad; en lo accidental libertad; pero en todo, caridad."*

El evangelio nos habla de Dios con lo que algunos consideran el versículo más importante del Cuarto Evangelio: Dios es amor que pasa a la acción y la comunión. El amor, por medio de las obras, busca dar y crear intimidad. El amor del Padre está a la base de todo. Jesús vino a salvar; el que no cree se condena a sí mismo. *¿A qué venimos nosotros? . . . A enriquecernos y aprovecharnos, a dominar y controlar, o a enriquecer y ser de provecho, a dominarnos y controlarnos. . . .*

FIESTA DEL CUERPO Y LA SANGRE DE CRISTO

Tema: Cristo se entregó por nosotros

Lecturas: Exodo 24, 3-8; hebreos 9, 11-15; Marcos 14, 12-16, 22-26

La Fiesta del Cuerpo y de la Sangre de Cristo, como la del Jueves Santo, celebra el AMOR DE CRISTO que *se entregó* por nosotros, *se da* a nosotros, y *se queda* con nosotros para siempre a través de los signos sacramentales. Para los católicos, desde la Reforma Protestante, es la fiesta de la Presencia Real de Jesús en la Eucaristía.

En los países hispanos esta fiesta ha sido celebrada tradicionalmente con un homenaje externo masivo a JESUS SACRAMENTADO. Esta fiesta se celebraba con *primeras comuniones, adornos numerosos, ofrendas de flores, procesiones, exposiciones, altares especiales, cirios, custodias lujosas y artísticas llevadas en grandes carrozas, juegos, dramas y actos sacramentales de teatro.* Los hispanos tradicionalmente han sentido que el amor de Jesús en la Eucaristía les pedía una respuesta entusiasmada. Hoy se canta el himno del Congreso Eucarístico Internacional de Madrid, universalmente conocido:

> *"Cantemos al Amor de los Amores,—Cantemos al Señor,—*
> *Dios está aquí;—Venid, adoradores,—*
> *Adoremos a Cristo Redentor.—¡Gloria a Cristo Jesús!—*
> *Cielos y tierra, ¡bendecid al Señor!—*
> *¡Honor y gloria a ti, Rey de la gloria!—*
> *¡Honor y gloria a ti, Dios del amor!"*

Debemos recordar que las celebraciones externas del presente, como los dramas religiosos y las procesiones del pasado, carecerían de significado si olvidamos que debemos adorar al Padre en Espíritu y en verdad: Más que los signos materiales de la pre-sencia de Jesús, hoy se celebra el AMOR con el que se ofreció para nuestra purificación y salvación. El pan y el vino consagrados separadamente nos recuerdan la separación sangrienta que tuvo lugar en el Calvario (Pío XII); Jesús se dió totalmente para alimentarnos e inspirarnos a hacer lo mismo para con los que nos necesitan.

Nuestra imitación de Jesús es la mejor forma de adoración. Jesús se entregó y nos dejó un ejemplo para que hagamos lo mismo hacia los pobres y necesitados, aunque nos "devoren". La Eucaristía es entrega de sí, servicio, amor, sacrificio, Alianza, presencia, alimento, unión y comunión. En el canto popular *"Una Espiga"* se dice que *"Dios nos hace Eucaristía en el amor."* Cuando amamos, nos convertimos en Eucaristía, y somos como Jesús. Las lecturas subrayan que la Eucaristía es un pacto, una Alianza, en la que Cristo se nos da para que nosotros nos demos a él.

Hoy se puede meditar sobre los diferentes temas relacionados con la Eucaristía: La llamamos COMUNION; sólo tiene sentido cuando al recibirla nos consagramos a trabajar sinceramente por la unión con nuestros hermanos/as. No hay que suponer que la unión existe si no es constatable en las acciones. Podemos estar *"reunidos"* sin estar *"unidos"*. La Eucaristía nos desafía a unión profunda e íntima. También se puede meditar hoy en los *muchos granos de trigo que son molidos y triturados para formar un solo pan, y de los muchos granos de uva que son prensados para producir un vino.*

Se puede también meditar en la Eucaristía como Alianza que establece una unión y relación familiar entre Dios y nosotros. Porque creemos que estamos en comunión con Dios, debemos estar en comunión los unos con los otros. Cristo es nuestro Sacerdote que se ofrece en la Eucaristía; nosotros somos también sacerdotes que nos debemos ofrecer por y a los demás. No basta contemplar el misterio del sacrificio de Cristo; debemos escuchar su desafío a sacrificarnos y consagrarnos al servicio de los demás, especialmente de los pobres; *sin esta consagración nuestra, la Eucaristía y la Consagración que celebramos en la misa sólo sería una señal externa que no produciría la Vida y el fruto que Dios desea.*

FIESTA DEL SAGRADO CORAZON DE JESUS

Tema: El amor sacrificado de Jesús

Lecturas: Oseas 11, 1. 3-4. 8-9; efesios 3, 8-12. 14-19;
Juan 19, 31-37

Para expresar la intensidad de nuestro amor hacia una persona, solemos decir que la amamos *"con todo mi corazón"*. Hoy celebramos que *Jesús nos ha amado y nos ama "con todo su corazón"*. El evangelio de esta fiesta nos recuerda que Jesús murió en la cruz como el Cordero de Dios que quita el pecado del mundo. Jesús muere a la misma hora en que eran sacrificados en el templo los corderos con los que se conmemoraba la liberación del pueblo judío de la esclavitud de Egipto. La sangre del cordero pascual protegió los hogares judíos de la muerte por el Angel Exterminador. La sangre de Jesús nos salva de la muerte espiritual causada por el pecado.

Del corazón abierto de Jesús manan la sangre y el agua, que han pasado a ser símbolo de los sacramentos de la Iglesia por los que nosotros recibimos la salvación de Jesús. El agua nos recuerda el bautismo que nos purifica de los pecados, y la sangre que recuerda el sacrificio de Jesús como expresión de su amor sacrificado a la humanidad. Los santos Padres de la Iglesia vieron en la muerte de Jesús un paralelo con el sueño de Adán en el paraíso, cuando Dios tomó una costilla de su costado para formar a nuestra madre Eva. Así, del costado de Jesús dormido en la cruz nació nuestra madre la Iglesia, simbolizada por los sacramentos.

El amor de Dios al mundo (Jn 3,16) ha sido revelado a través del amor de Jesús, quien voluntariamente aceptó su sacrificio en la cruz dando su vida por nosotros. Jesús es el Buen Pastor que voluntariamente dio su vida por sus ovejas, sin que nadie le obligara a hacerlo. El amor de Jesús nos está pidiendo una respuesta de amor, ya que *"el amor, con amor se paga"*.

Nuestro amor a Jesús, como el suyo para nosotros, debe ser demostrado a través de nuestra vida de fe y de nuestro propio amor sacrificado por nuestros hermanos. Jesús no nos pidió nada personalmente para sí mismo, pero nos dijo que lo que hacemos por el más pequeño de sus hermanos se lo hacemos a él. Esto es lo que nos recordó en la parábola del juicio final, donde las obras de misericordia son acciones de amor que Jesús las considera como hechas a él mismo.

La primera lectura nos recuerda el amor de Dios a su pueblo Israel. Este amor nos ayuda a entender el amor de Jesús hacia nosotros. Después de que Dios mostró su amor a su pueblo liberándolo de la esclavitud de Egipto, el pueblo respondió a su amor con una cadena de infidelidades y desobediencias. Pero Dios reveló que su modo de proceder no es como el de los humanos que muchas veces buscamos venganzas y castigos por las ofensas que se nos hacen. Dios es diferente. Deja que su última palabra sea el triunfo de misericordia y el perdón como respuesta a nuestras infidelidades. Dios busca solamente nuestro bien, por lo que escoge apelar a su amor como motivo final de sus decisiones. Solamente desea Dios que le respondamos con nuestro amor.

El amor y la devoción de los pueblos hispanos al Corazón de Jesús se ha manifestado de muchos modos. Unos recuerdan la imagen de Jesús que bendice la ciudad de Río de Janeiro en Brasil, otros recuerdan la imagen del Sagrado Corazón en el Cerro de los Angeles en el centro geográfico de España, y en tantos lugares de México y de Sudamérica. La imagen del Sagrado Corazón preside en muchas de los hogares de nuestras familias católicas; una imagen que inspira fe, confianza y amor, porque el amor de Jesús nunca nos va a fallar.

2 DOMINGO ORDINARIO

Tema: La vocación cristiana

Lecturas: primer Samuel 3, 3-10. 19; primera carta a los corintios 6, 13-15. 17-20; Juan 1, 35-42

El evangelio nos cuenta lo que sucedió el tercer día del ministerio de Jesús. Al oír el testimonio de san Juan Bautista, dos de sus discípulos siguieron a Jesús. En este tercer día del ministerio encontramos las primeras palabras de Jesús en el evangelio de San Juan: "¿Qué buscan ustedes?" Estas son también las primeras palabras de Jesús después de su resurrección (Jesús preguntó a la Magdalena: "Mujer, ¿qué buscas?") y las primeras palabras al comenzar la "hora" de Jesús en la pasión ("A quién buscan ustedes?—A Jesús nazareno").

Si hoy nos encontrara Jesús a nosotros, lo primero que preguntaría sería "¿Qué buscas?" En el antiguo testamento, especialmente en los profetas, se trataba de "buscar a Yavé" y de "buscar el bien"; en los evangelios sinópticos se trata de "buscar primero el Reino de Dios y su justicia." Al llevar a un niño a bautizar, el rito sacramental (en latín) comenzaba con esta pregunta del evangelio: ¿Qué buscan ustedes de la Iglesia? Al entrar al noviciado de la vida religiosa, el rito comienza con la pregunta: "¿Qué busca usted?" Esta pregunta, y su respuesta, debe condicionar y dirigir toda la vida del cristiano. Antes de hacer una cosa, cada persona debería preguntarse: "¿Qué busco o pretendo con lo que voy a hacer?" Ejemplos: ¿Qué buscas al dar limosna? ¿Librarte de un pedigüeño molesto, descontar más dinero de los impuestos, que vean que eres generoso, quitarte un remordimiento, expiar pecados, mostrar amor (1 Cor 13 dice que se puede dar todo a los pobres SIN AMOR)? ¿Qué buscas al preparar la comida para la familia? terminar cuanto antes para poder ver la telenovela; hacerla calmadamente para que salga sabrosa y así mostrar amor a la familia que va a comer . . . . ¿Qué buscas al hablar a una persona? Desahogarte de lo que tienes contra ella (mejor que no lo hagas), compartir chismes, pasar el tiempo, ayudarla de algún modo . . . .

Los discípulos vieron dónde vivía Jesús y se quedaron con él. El tema de permanecer o quedarse con Jesús, de estar en comunión con él, es común en el evangelio de san Juan. Los discípulos "convivieron" con Jesús, por eso lo conocieron. Andrés convivió con Jesús y en seguida lo declaró Mesías. Más adelante en el evangelio, los samaritanos invitarán a Jesús a quedarse con ellos, y después de dos días lo reconocen como el Salvador del Mundo. A Jesús no se le conoce solamente a través de cursos de teología o por correspondencia, porque "si quieres conocer a Andrés, has de vivir con él un mes." Para conocer a Jesús plenamente hay que convivir con él toda la vida. Convivimos con Jesus por la oración y al convivir con los demás.

La primera comunidad cristiana comenzó cuando unas personas tuvieron un contacto o una experiencia con Jesús, y luego llevaron a sus amigos y parientes para que tuvieran una experiencia semejante: Juan Bautista motivó a dos de sus discípulos, y uno de ellos, Andrés, fue a buscar a su hermano. Más adelante, Felipe fue en busca de su amigo Natanael y lo llevó a Jesús. Así fueron reconociendo a Jesús, cada cual por experiencia propia. En el caso de Pedro, se invirtió el proceso: Jesús reconoció a Pedro y le cambió el nombre, para anunciarle que tendría que cambiar su personalidad para su misión futura. Nosotros ahora también debemos llevar a nuestros hermanos/as y amigos/as a Jesús para dejar que él los transforme.

3 DOMINGO ORDINARIO

Tema: Obediencia a la vocación divina

Lecturas: Jonás 3, 1-5. 10; primera a los corintios 7, 29-31; Marcos 1, 14-20

Al comienzo de su evangelio, san Marcos cuenta siete narraciones en las que revela los poderes sobrehumanos de Jesús. El poder de Jesús sobre los corazones se manifiesta cuando llama a sus discípulos, y éstos lo dejan todo para seguirle; Jesús muestra ademas un poder espiritual cuando expulsa al demonio y cuando perdona los pecados; el poder de Jesús sobre la naturaleza física se revela en las sanaciones de todo género que Jesús hace. Nada ni nadie puede poner resistencia a los poderes de Jesús.

Estas siete narraciones sobre los poderes de Jesús están arregladas en un paralelismo concéntrico, con la oración de Jesús como clave y centro de sus poderes. Para san Marcos, los cristianos, con Jesús de su parte, lo pueden todo con su oración, y no deben temer a nada ni a nadie, ni siquiera al emperador Nerón, el hombre más poderoso de su tiempo, que había martirizado a san Pedro y san Pablo y a otros cristianos de Roma y que amenazaba a los demás.

El poder de Jesús aparece hasta hoy, en primer lugar, cuando nosotros respondemos a su llamada y mensaje como los apóstoles, sin reservas, con prontitud y generosidad, con fe "ciega" y amor profundo. El hecho de que los cristianos nos reunimos para la misa, estudio de la biblia, juntas de oración, proyectos sociales, es prueba y testimonio del poder de Jesús sobre nuestra vida. Jesús muestra su poder arrastrando a las personas a que le sigan por su propia voluntad, mientras que los tiranos del mundo creen tener poder porque imponen su voluntad a la fuerza. El verdadero poder consiste en ganar el corazón y la voluntad de las personas; eso es lo que hace Jesús y lo que debemos hacer nosotros; los medios son el amor, la fe y la oración.

Jesús predicaba el Reinado de Dios, la conversión y transformación de las personas y de las estructuras religioso-sociales; hay que romper con el pasado, dejar lo negativo para pasar a lo positivo, a un compromiso por Dios, la Iglesia, las personas y el mundo con sus realidades.

Todo cae bajo el reinado de Dios y hay que transformarlo, comenzando con la transformación personal; este será un trabajo para toda la vida y estará condicionado por el esfuerzo para transformar la realidad social. Dondequiera que reine el pecado, nos toca trabajar para que el mensaje de Jesús llegue y lo transforme todo. Hoy vemos que existe el pecado en la política, la economía, la educación, y en muchos proyectos sociales. Los cristianos están llamados a trabajar para que el mensaje de Jesús afecte y transforme esas realidades para que haya más justicia, caridad y generosidad. Jesús sigue obrando una conversión milagrosa en la Eucaristía de la misa, para darnos esperanza firme del éxito de nuestro trabajo de conversión. Hoy podemos cantar El Pescador: "Tú has venido a la orilla. No has buscado a sabios . . . Junto a ti buscaré otro mar."

En la primera lectura de hoy, en la parábola del profeta Jonás, vemos que Jonás representa al pueblo de Israel y cada uno de nosotros. Israel, por su desobediencia a Dios, fue "tragado" por el pez de Babilonia y Nínive, a donde fue llevado cautivo; a los judíos les tocaba hacer que el mensaje de Dios llegase a los habitantes de la ciudad y de todas las naciones llamándolas a la conversión a la vez que se convertían ellos. La narración muestra que la vocación profética es irresistible e intransferible y que tiene una dimensión universal. Si Dios quiere que vayas a un lugar y tú no quieres ir en barco, Dios te llevará en submarino (¿ballena?) o en cohete. El pueblo pagano de Nínive escuchó al profeta y cambió de vida, se convirtió. Las amenazas de Dios son condicionales; tienen por fin la conversión de los pecadores, de modo que las amenazas no lleguen a cumplirse. Su finalidad es el triunfo del amor de Dios sobre la malicia de los hombres.

4 DOMINGO ORDINARIO

Tema: El poder de la palabra de Jesús

Lecturas: Deuteronomio 18, 15-20; primera a los corintios 7, 32-35; Marcos 1, 21-28

El evangelio nos cuenta el primer milagro de Jesús en el evangelio de san Marcos; aunque en realidad, el primer *"milagro"* del poder de Jesús fue la respuesta generosa de los discípulos, que lo dejaron todo ante la llamada e invitación de Jesús. Para los contemporáneos de Jesús, el expulsar demonios era señal evidente de la llegada del Reino de Dios, ya que en muchos escritos de su tiempo, que no se llegaron a incluir en la biblia, anunciaban la venida del tiempo mesiánico como una derrota y evicción de satanás. Por esto, san Marcos repite numerosas veces que Jesús iba por toda la región expulsando demonios; y san Lucas añade que la expulsión de demonios por Jesús y por los discípulos era señal cierta de que había llegado el Reino de Dios (Lc 11:20).

San Marcos, como la semana pasada, enseña que nada puede resistir el poder de la palabra de Jesús. Los demonios le obedecen con dolor. Solamente nosotros, aquí en esta vida, tenemos el poder tremendo de oponer resistencia a Jesús, ya que él nos quiere libres, sin forzarnos. La sección del evangelio de hoy está escrita con sumo cuidado, formando una inclusión literaria (el comienzo y el final de la narración contienen los mismos elementos: en el centro se encuentra la esencia del mensaje): al principio y al final se menciona que *enseñaba su doctrina con autoridad*, y que todos estaban asombrados o estupefactos. La doctrina y el poder de Jesús siguen expulsando demonios de la vida de los hombres, especialmente de los que creen en él. Jesús no dialogó con el espíritu impuro, sino que lo expulsó sin miramientos, ya que no puede haber diálogo ni compromiso entre el Reino de Dios y el reino del mal.

Los oyentes estaban sorprendidos por la enseñanza de Jesús; no enseñaba como los escribas y maestros de la Ley que trataban de mostrar su ingenio y sus conocimientos citando muchos textos de la biblia, interpretándolos ingeniosamente, y haciendo referencias constantes a las opiniones de los maestros antiguos. Hasta ahora, abunda ese tipo de maestros que constantemente repiten que *"la biblia dice,"* sacando frecuentemente los textos de su contexto, para hacer decir a la biblia lo que ellos quieren que diga. Jesús hablaba de su experiencia propia, y acompañaba su enseñanza con obras poderosas. Su palabra admiraba y entusiasmaba a los oyentes llenándolos de alegría, porque revelaba sobre todo el amor de un Dios que era Padre bondadoso, misericordioso, y salvador.

Jesús vino a eliminar y expulsar todo lo malo que oprime y posee a las personas (demonios); la cultura en torno a Jesús atribuía al *"demonio"* enfermedades y condiciones inexplicables de las personas. Hoy nosotros podemos preguntarnos sobre qué demonios y opresiones de nuestra sociedad nos tiene que salvar la palabra de Jesús: Mentiras, injusticias, egoísmos, discriminaciones, miserias, manipulaciones, ambiciones de poder y de dinero, desigualdad económica, carrera de armamentos, violencias, drogas, abusos. . . . En una ocasión, nos cuenta el evangelio que Jesús expulsó a *"2,000 demonios"* de un solo hombre, y los mandó a los cerdos. Nuestra sociedad está llena de demonios que Jesús y los cristianos deben echar fuera.

5 DOMINGO ORDINARIO

Tema: El poder de la oración

Lecturas: Job 7, 1-4. 6-7; primera a los corintios 9, 16-19. 22-23; Marcos 1, 29-39

Los evangelios de san Marcos de los domingos pasados nos han presentado ejemplos concretos del poder de Jesús (sobre las personas al arrastrar tras sí a los discípulos, y sobre los demonios); este domingo nos presenta su poder sobre las enfermedades ordinarias, junto con la raíz y fuente de su poder que es su oración. En las narraciones siguientes san Marcos recalcará los mismos tipos de poderes, a un nivel más profundo.

Jesús dijo repetidamente a sus discípulos que debían orar siempre; él mismo les dió su ejemplo de oración: *Jesús oró al ser bautizado en el Jordán, en el desierto antes de comenzar su misión, antes y después de predicar, antes de hacer milagros como la resurrección de Lázaro, antes de escoger a los Doce, en la transfiguración, en la Ultima Cena, en Getsemaní y en la cruz.* Orar, para el cristiano, es tan necesario como el respirar. Con la oración, nos llenamos de Dios, reponemos las pilas y cargamos las baterías, para recibir energía para la vida y el apostolado, porque la oración es *Una Fuente de Energía*, como la describió el P. Heredia, S.J. en su libro con este título.

La oración, más que centrarse en pedir cosas materiales, debe ser un diálogo amoroso y confiado con nuestro Padre celestial, recogiéndonos hacia el interior de nosotros mismos para hablar con el Padre que ya está en nosotros. Así era la oración de Jesús. La oración de Jesús era el alma y el motor de sus obras y milagros. La oración y la acción apostólica son los dos grandes polos de la vida cristiana: "*Ora et Labora,*" decía San Benito, "*Ora y Trabaja.*" San Ignacio proponía lo mismo al buscar "*contemplativos en la acción.*" La sabiduría popular nos lo dice en el conocido refrán: *A Dios rogando, y con el mazo dando.*

Con la oración, los cristianos tenemos con nosotros los poderes de Jesús. Con él lo podemos todo, ya que entonces sólo se hace verdad aquello que "*Dios y yo, mayoría absoluta.*" Jesús sanó a la suegra de Pedro de una fiebre; San Agustín dice que Jesús nos tiene que sanar a nosotros de nuestras fiebres: *fiebre del poder, gloria, dinero, ambición, orgullo, envidia, sensualidad.* . . . La suegra de Pedro, sanada por Jesús, se puso a servirles; fue una sanación instantánea y total, sin que le quedara la debilidad ordinaria, y que le permitió ponerse inmediatamente al servicio de los demás. Jesús nos ha sanado a nosotros de nuestros pecados para que vayamos a servir a los demás.

En la primera lectura de este domingo se nos presenta el misterio del dolor inocente en Job, símbolo del dolor de Israel y de toda la humanidad, que llegó a su cumbre en el dolor de Jesús. *"Las desgracias nunca vienen solas"* dice el refrán popular; todos, como Job, lo experimentamos a diario. Job fue como nosotros, pero en él triunfó la fidelidad, la fe. En esta lectura, Job mira al lado amargo de la vida que es vista como duro servicio militar (autoritario y despersonalizador), esclavitud dura, y trabajo asalariado; ni el presente ni el futuro están a veces en nuestras manos. Job aparece a veces paciente, resignado y creyente, pero a veces vemos a un Job rebelde e impaciente que cuestiona a Dios. Job confía que Dios le dé un remedio. Para entender el dolor inocente, uno puede mirar a otros que sufren como él, y en último caso, cuando no lo entienda, tendrá que mirar al dolor de Jesús crucificado y darle a Dios el beneficio de la duda. El dolor, como el dolor de Jesús, es permitido por el Padre, como se ve en las cruces que nos envía, en su providencia, en su silencio, en su abandono. . . . La respuesta al dolor está en el amor y la fe activos. Todo dolor, como el de Jesús, puede ser redentor; nos ayuda a crecer y madurar; purifica, ilumina y transforma; pero sobre todo, cada dolor es un desafío a nuestro amor.

6 DOMINGO ORDINARIO

Tema: Cristo nos purifica de la lepra del pecado

Lecturas: Levítico 13, 1-2. 44-46; primera a los corintios 10, 31–11, 1; Marcos 1, 40-45

El evangelio cuenta la sanación de un leproso que para san Marcos es señal del poder irresistible de Jesús. Sanar a un leproso equivalía a resucitar a un muerto. La lepra incluía enfermedades de la piel, como acne y soríasis, que a veces se podían curar; pero era una enfermedad que inspiraba terror, casi como el SIDA y el cáncer en nuestros días. Los leprosos vivían solos y aislados; inspiraban miedo y horror; nadie se les podía acercar. A veces los leprosos vivían en los cementerios, porque eran considerados como muertos en vida.

La curación de un leproso era algo inaudito; algún profeta había sido instrumento indirecto del poder de Dios sobre la lepra (Eliseo en la sanación de Naamán el sirio). El leproso, hasta que se encontró con Jesús solamente había conocido el rechazo, injurias y desesperación. En Jesús encontró compasión, acogida, amor y esperanza. Jesús inspiraba acogida y compasión, por eso el leproso *"se le acercó,"* contra todas las reglas; a Jesús no le daba miedo la regla de que *"quien a leproso toca, leproso queda."*

La sanación que hizo Jesús produjo un cambio radical en la vida personal, social y religiosa del sanado; fue un renacer a la vida, ya que sede entonces el hombre se veía a sí mismo limpio, podía ser una vez más miembro activo de la comunidad, y podía asistir al templo en las fiestas y en las funciones religiosas.

Los Santos Padres de la Iglesia nos dicen que todos somos de algún modo leprosos, y que la lepra es el pecado. Jesús nos sana de esa lepra para que cambiemos nuestra vida personal, para que convivamos en la comunidad cristiana en los sacramentos, y para que nos acerquemos con confianza a Dios nuestro Padre. Pero Jesús también quiere que los que somos sanados por él vayamos a sanar a los demás.

Los pecadores siguen siendo los leprosos de hoy, pero aún a nivel físico existen personas que son consideradas leprosas por nuestra sociedad; hay ciertas enfermedades y actitudes que son rechazadas y excluídas, a veces con o sin razón: Gentes con SIDA, divorciados, no casados por la Iglesia, homosexuales, etc., son vistos por muchos como leprosos modernos. Hay algunos leprosos modernos que quieren acercarse a nosotros y se niegan a "*guardar su lugar;*" algunos de ellos quieren aceptación y respeto; otros quieren mezclarse con los demás sin curarse, y parece que quieren que su lepra se comunique a los demás; de ahí vienen muchos problemas. La Iglesia no puede aceptar algunas situaciones y relaciones que llevan consigo la violación de valores religiosos.

El mismo tema de la lepra aparece también en la primera lectura de la liturgia, pero en el antiguo testamento, la Ley se preocupaba mucho más del cuidado y protección de las personas sanas que del cuidado de los enfermos. Las reglas antiguas eran estrictas y vistas como necesarias; no reflejaban aún la compasión que anuncia el evangelio de hoy, y que se ve en el amor de quienes viven dedicados al cuidado de los enfermos, como lo están en nuestro tiempo las Misioneras de la Caridad de la Madre Teresa de Calcuta que hacen milagros de amor cada día.

7 DOMINGO ORDINARIO

Tema: El poder espiritual de Jesús

Lecturas: Isaías 43, 18-19. 21-22. 24-25; segunda a los corintios 1, 18-22; Marcos 2, 1-12

El evangelio de san Marcos nos cuenta la sanación de un paralítico, que sirve para mostrar el poder espiritual y divino de Jesús. Los judíos creían que algunas personas podían ser exorcistas y expulsar demonios; pero el perdonar pecados era algo que se atribuía solamente a Dios. Jesús prueba aquí que tiene poderes sin límite.

San Mateo al narrar este milagro concluye diciendo que todos quedaron maravillados al ver que Dios había dado tal poder de perdonar *"a los hombres"* (Mt 9:8). San Mateo tiene en mente sobre todo a la comunidad para la que escribe el evangelio; ya desde los primeros días de la Iglesia existía el poder de perdonar los pecados en la comunidad. Este poder de perdonar fue ejercido, de varias maneras a lo largo de los siglos. Durante las persecuciones que sufrió la Iglesia en los tres primeros siglos, se ejerció el poder de perdonar con los que, por cobardía, apostataban de la fe; más adelante fue ejercido en favor de los penitentes públicos, que eran cristianos que se confesaban pecadores en necesidad de perdón, especialmente durante el tiempo de cuaresma. Más adelante se modificó la manera de administrar el perdón, ya que había que aconsejar e instruir a los penitentes sobre la manera de evitar los pecados en el futuro, y sobre sus deberes de reparar de los males ocasionados por sus pecados; gradualmente se llegó a la forma que tiene actualmente en el Sacramento de la Reconciliación o Confesión.

Con este milagro, Jesús demuestra el poder y la eficacia de su palabra. Lo que Jesús dice, se hace, ya sea el levantar y hacer caminar al paralítico, o ya sea el perdonar los pecados. El poder de Jesús es hoy el mismo, pero lo ejerce a través de los cristianos, por medio de su Iglesia. Jesús sanó al paralítico completamente, en su cuerpo y en su espíritu; Jesús le dió una nueva vida, capacitándolo para entrar en relaciones nuevas con Dios y los demás.

Es de notar que los que en la narración del evangelio dicen que *"solamente Dios puede perdonar los pecados,"* son los enemigos de Jesús. Hasta ahora hay personas que rechazan el poder de perdonar de Jesús a través de su Iglesia, e insisten en que solamente Dios perdona, o que ellos se confiesan solamente con Dios. Después de la resurrección, Jesús bautizó a sus discípulos con el Espíritu Santo y les dió la potestad de perdonar los pecados. La Iglesia ejerce este poder, de acuerdo a la voluntad de Jesús, pero recuerda a los cristianos, como lo hacía Jesús con los pecadores, que después de ser perdonados, deber de esforzarse para no volver a pecar. El propósito de la enmienda es parte integral de la buena confesión.

Hay que recordar también que todos los cristianos debemos ser canales del perdón de Dios para las personas que nos ofenden. En los evangelios se insiste en nuestra obligación de perdonar para que Dios nos perdone, y porque Dios nos ha perdonado a nosotros. Cuando un cristiano perdona de corazón a la persona que le ha ofendido porque así se lo pide su Padre, Dios, ése perdón tiene poder de salvación para esa persona. Nadie se merece la salvación; es un don de Dios para nosotros, y nosotros nos convertimos en canales de ese don para las personas a quienes perdonamos.

8 DOMINGO ORDINARIO

Tema: La novedad del cristianismo

Lecturas: Oseas 2, 16. 17. 21-22; segunda a los corintios 3, 1-6;
Marcos 2, 18-22

El evangelio invita a responder a la nueva disciplina y a las nuevas actitudes que Jesus ha venido a inagurar. El cristiano tiene que tener una gran capacidad para la adaptación, ya que *el vino nuevo requiere odres nuevos.* El evangelio no es un simple mensaje antiguo que hemos recibido y que transmitimos a otras generaciones de cristianos. Es un mensaje que hay que hacer vida en cada etapa de la historia en la que nos toque vivir. Las realidades del mundo cambian continuamente; el cristiano deberá descubrir los modos en que el evangelio debe ser traducido a obras adaptadas a las nuevas situaciones que se van presentado.

El Segundo Concilio Vaticano ofreció una gran respuesta del evangelio a las realidades y a los desafíos del siglo veinte. Hay cristianos conservadores que pretenden que el mundo no ha cambiado desde el siglo XVI, y se niegan a aceptar los cambios ordenados por el Concilio. Ciertamente, las relaciones de la Iglesia Católica con las grandes iglesias protestantes han cambiado notablemente, y existe un trabajo sincero hacia la unión de todos los cristianos de acuerdo a la voluntad y la oración de Jesús de que todos sus dicípulos sean uno.

La Iglesia de nuestro tiempo se enfrenta a nuevas realidades y oportunidades para promover en la sociedad civil los valores de los derechos humanos, el respeto a las personas, el final de las torturas, la eliminación del aborto y la responsabilidad de las personas y de las naciones ricas de responder a las necesidades de los pobres y de los que sufren calamidades. Aún en el seno de la Iglesia se sigue hablando de la colegialidad de los obispos con el Santo Padre y de la autoridad compartida; ésta se va haciendo cada día más real en las parroquias donde el sacerdote está llamado a compartir sus tareas evangélicas con personas laicas cada vez más capacitadas, y recibe asesoramiento sobre el manejo de las finanzas de fieles expertos en ese campo.

Las personas laicas son en muchos casos el alma de sus parroquias, con su trabajo en la educación religiosa de la juventud, con su promoción del respeto a todos, con la acogida que ofrecen a los miembros nuevos y a los que están de visita los domingos, y con su participación en los movimientos y asociaciones parroquiales que enriquecen la vida espiritual de sus miembros y que son una inspiración para todos los demás fieles de la parroquia. Después del Segundo Concilio Vaticano se han dado cuenta de que todos, sacerdotes y laicos, forman la Iglesia.

Hay personas que quisieran que la Iglesia se ocupara solamente de rezos, misas y sacramentos; pero la Iglesia misma está llamada a ser sacramento de la presencia y del reinado de Dios sobre la tierra, trabajando por la libertad de los oprimidos y por ser buena noticia para los pobres. El cristiano ideal, como nos lo recordaba san Francisco de Sales en su *Introducción a la Vida Devota*, no es necesariamente el que se pasa muchas horas rezando en el templo; puede serlo también el que movido por su amor al Señor, pasa muchas horas trabajando para que se reconozcan y aprecien los derechos de todos, especialmente de los pobres.

Los cristianos, desde los días de Jesús, eran diferentes de la gente religiosa de su tiempo, especialmente de los fariseos que eran muy observantes de la Ley de Moisés y de sus tradiciones; los cristianos eran innovadores que respetando lo antiguo se veían llamados a instaurar la novedad del mensaje de Jesús. Eran el alma de una nueva sociedad movida por el amor y respeto a todos, donde su caridad fuera un ejemplo contra los egoísmos que los rodeaban.

9 DOMINGO ORDINARIO

Tema: Más amor y menos ritualismo

Lecturas: Deuteronomio 5, 12-15; segunda a los corintios 4, 6-11; Marcos 2, 23–3, 6 o bien 2, 23-28

El evangelio nos cuenta dos historias que ilustran la actitud de Jesús hacia las observancias rituales del descanso sabático: lo que hizo David cuando su gente padecía necesidad, y lo que hizo Jesús ante la situación de un pobre hombre necesitado de sanación. El amor al prójimo está sobre las demás leyes y preceptos que no se opongan al amor de Dios. Jesús, en su respuesta a los fariseos apela al sentido común (tan escaso entonces como ahora), recordando las acciones de personajes respetables de la historia sagrada, para luego apelar a su propia autoridad como Hijo del Hombre, que va a juzgar al mundo como Señor del sábado y de todo lo creado, para proclamar la primacía del amor.

Jesús observaba el descanso sabático asistiendo a los servicios en la sinagoga, pero también incluía en su observancia el hacer el bien a los necesitados. Nuestros catecismos antiguos nos enseñaban que el mandamiento de *"santificar las fiestas"* se cumplía oyendo la misa entera los domingos y fiestas de guardar, y además practicando las obras de misericordia: visitar a los enfermos, convivir en familia, y enseñar al que no sabe. Para Jesús, y para el cristiano, las personas y la vida son mucho más importantes que las costumbres o las leyes, especialmente las leyes positivas que son aquellas que mandar el hacer una cosa buena; las leyes negativas, las que prohiben el hacer cosas malas, merecen una atención especial y suelen obligar siempre.

Jesús criticaba a los fariseos porque con su ritualismo habían organizado una religión descarnada, que no tomaba en cuenta suficientemente a las personas, especialmente a las que vivían en situaciones trágicas. Para Jesús, y para los cristianos, los ritos son importantes y dignos de respeto, ya que ayudan a expresar con acciones los sentimientos que serían casi imposibles de expresar con palabras. Los ritos pueden ser buenos, con tal de que nos ayuden a centrarnos mejor sobre lo principal que es el amor, el dar vida, y en las relaciones entre las personas así como en nuestra relación con Dios. Cuando los ritos se convierten en una distracción, habrá que reformarlos y cambiarlos; a veces habrá que eliminarlos.

La primera lectura nos recuerda el verdadero sentido del precepto del descanso sabático: era especialmente importante para los pobres que trabajaban, para los siervos, los extranjeros y los esclavos; el autor del antiguo testamento llega a compadecerse hasta de los animales que también necesitaban descanso. Los ricos no necesitaban descanso, ya que realmente no trabajaban. El escritor sacerdotal del antiguo testamento, al narrar la creación del universo, invita a los lectores a mirar e imitar a Dios, de quien nos dice que él mismo descansó al final de su creación. El escritor yavista y el deuteronomista nos invitan a mirar a los pobres que trabajan y que merecen tener descanso. Hay, por lo tanto, razones religiosas y sociales para la observancia del descanso en el día del Señor.

Siempre será bueno el recalcar la importancia de la asistencia a la misa cada domingo para los católicos, ya que hay muchas personas que parecen haber olvidado lo que ello significa. El Segundo Concilio Vaticano, en *La Constitución sobre la Sagrada Liturgia* (n. 106), nos recuerda el significado cristiano del día del Señor:

"La Iglesia, por una tradición apostólica que trae su origen del mismo día de la Resurrección de Cristo, celebra el misterio pascual cada ocho días, en el día que es llamado con razón "día del Señor" o domingo. Este día, los fieles deben reunirse a fin de que, escuchando la palabra de Dios y participando en la Eucaristía, recuerden la Pasión, la Resurrección y la gloria del Señor Jesús, y den gracias a Dios que, "por la resurrección de Jesucristo de entre los muertos los ha hecho nacer de nuevo a una esperanza viva". Por esto, el domingo es la fiesta primordial , que debe presentarse e inculcarse a la piedad de los fieles, de modo que sea también día de alegría y de liberación del trabajo. No se le antepongan otras celebraciones, a no ser que sean, de veras, de suma importancia, puesto que el domingo es el fundamento y el núcleo de todo el año litúrgico".

10 DOMINGO ORDINARIO

Tema: Con Jesús vencemos al demonio

Lecturas: Génesis 3, 9-15; segunda a los corintios 4, 13—5, 1;
Marcos 3, 20-35

En los libros apócrifos judíos del tiempo de Jesús, libros bien conocidos pero que no entraron a formar parte de la biblia, se repetía
que cuando llegara el Mesías y se estableciera el Reinado de Dios,
satanás sería expulsado y eliminado, perdiendo sus poderes sobre
las personas que vivirían unidas en el amor y la concordia. Al
decirnos que Jesús expulsaba a los demonios, los evangelistas suge-
rían que el Reinado de Dios se estaba haciendo presente en la
tierra con el ministerio de Jesús.

El evangelio ofrece las opiniones de la gente acerca del poder de
Jesús sobre los demonios: sus parientes que aparecen al comienzo
y al final de la lectura mostraban su falta de fe y de aprecio de las
obras de Jesús cuando *decían* que estaba fuera de sí. Al final de
la lectura parece que Jesús niega sus relaciones con sus parientes
de sangre para afirmar su comunión con sus verdaderos parientes,
con los que ponían su fe en él.

En el centro del evangelio encontramos la opinión de los letrados, de los que debían saber mejor que el pueblo sencillo; estos
letrados condenaban a Jesús cegándose a sí mismos, negándose a
reconocer las obras de Dios y *decían* que Jesús tenía un espíritu
inmundo. Jesús les respondió que, como debían saberlo, su poder
era señal de la presencia del Reinado de Dios en medio de ellos.
Jesús los refuta, en primer lugar, apelando al sentido común, tan
escaso entonces como ahora, porque una persona sana de mente
no trabaja contra sí misma o contra sus propios intereses; aquellos
letrados tenían el *entendimiento* torcido a causa de su odio contra
Jesús; luego los refuta apelando a la santidad de Dios—blasfemia
contra el Espíritu Santo—porque tenían la *voluntad* viciada.

Según el texto presente, la blasfemia contra el Espíritu Santo
sería una especie de calumnia descarada contra la acción de Dios
al atribuirla al demonio. Algunos textos del nuevo testamento
hablan de pecados que "no tienen perdón" y de personas por las
que no hay que rezar (1 Jn 5,16), no porque la misericordia de

Dios no pueda borrar o perdonar todos los pecados, sino porque tienen tal grado de malicia humana y diabólica que en la realidad concreta a esas personas se les hará imposible el humillarse y abrirse a la misericordia de Dios.

Así como los contemporáneos de Jesús tenían impresiones erróneas sobre él, también hoy nosotros podemos tener impresiones erróneas sobre los demás, especialmente cuando no nos agrada su mensaje. Quizás habría que alertar a la gente, porque también ahora se pueden cometer blasfemias contra el Espíritu Santo, no simplemente diciendo palabras insultantes contra Dios, sino calumniando al Espíritu de Dios que continúa obrando en los cristianos que, movidos por un espíritu profético, trabajan por la reforma de la Iglesia y de la sociedad, y contra los cuales se levantan todo género de calumnias.

Jesús, en su ministerio, no era siempre lo que la gente esperaba. Jesús hablaba en términos sencillos para la gente sencilla; Jesús no se adaptó bien a las élites de su tiempo y no respondió a sus expectativas. Ni siquiera algunos miembros de su familia le entendían. Parece que se avergonzaban de él. En nuestro tiempo, aunque muchos se dicen discípulos de Jesús no parecen creer mucho en lo que él enseñó: amor a los enemigos, la bienaventuranza de los pobres, el volver la otra mejilla. Por esto nos resulta escandaloso el oír a algunos cristianos decir que *ya es hora de buscar la justicia (humana) y de dejar de presentar a otra mejilla . . .,* como si fuera hora de olvidar lo que nos dice el evangelio, para hacer lo que nos satisface.

El poder de Jesús sobre los demonios sigue siendo hoy una realidad para cada uno de los creyentes. Por la invocación del Nombre de Jesús se siguen expulsando demonios, se alejan las tentaciones, y se nos ayuda para dominar nuestras pasiones y sentimientos que nos pueden llevar a olvidarnos del amor que Jesús nos tiene. La Iglesia, en casos especiales, permite el recurso a los exorcismos para echar al demonio de las personas. Con la ayuda de Jesús nosotros echamos al demonio fuera de nuestras vidas cuando vamos eliminando los pecados con los que el demonio trata de esclavizarnos.

11 DOMINGO ORDINARIO

Tema: La fuerza de los débiles

Lecturas: Ezequiel 17, 22-24; segunda a los corintios 5, 6-10; Marcos 4, 26-34

El evangelio nos presenta el Reinado de Dios por medio de dos metáforas vegetales. El Reinado es un organismo vivo; no es una organización inerte o estática; está siempre activo y sigue creciendo; llegará a su plenitud en una siega escatológica que separará lo bueno de lo malo. Al ser un organismo vivo, se mueve, cambia y se transforma, crece y afecta a los demás. La Iglesia es una organización viva, llamada a encarnar y sacramentalizar de un modo particular la presencia del Reinado de Dios en nuestro mundo, de modo que se haga patente que donde está la Iglesia allí está Dios.

Hay quienes creen que la primera parábola de la lectura se refiere a los judíos zelotas que pretendían traer el Reinado de Dios por medio de la violencia de las armas; los fariseos por su parte creían poder traerlo con su obediencia ciega a los mínimos detalles de la Ley. Pero, el Reinado de Dios es pura gracia; es Dios quien lo realiza. Nosotros oramos para que venga su Reino. Dios solamente puede hacerlo una realidad a la cual nosotros podemos cooperar por la práctica del amor y de la justicia.

Es posible entender la primera parábola, como otros textos del evangelio de san Marcos (e.g. La tempestad calmada), refiriéndola a la situación de la Iglesia de Roma en el tiempo cuando se escribió el evangelio; los cristianos habían sido diezmados por la persecución del emperador Nerón: parecían estar abandonados y Cristo no venía a socorrerlos, como si estuviera dormido. El hombre que sembró la semilla es imagen de Cristo que sembró su palabra en el corazón de los creyentes; Cristo va a venir para hacer la siega que es el juicio final. Se esperaba que Cristo, aparentemente dormido, vendría a remediar la situación de la Iglesia con su siega. Ahora nosotros, a veces, nos sentimos llamados por Dios para un trabajo, y luego nos parece que Dios se ha ido a dormir, nos deja solos, y no se preocupa de ayudarnos. Entonces necesitamos afirmar nuestra fe y nuestra paciencia.

El evangelio subraya que la semilla tiene una vitalidad grande, y que *automáticamente* pasa por las etapas de desarrollo que le corresponden; nadie ni nada podrá retardarla o pararla. La semilla puede parecer débil, pequeña e inerte, pero sabemos y creemos que tiene un poder y una vitalidad interior: los pobres, los débiles, los pequeños, son la semilla del Reinado de Dios, y a ellos se les confía; tienen un poder y una vitalidad que nace de su fe.

La segunda parábola subraya el contraste entre la semilla y la planta ya nacida de ella. No hay que hacer juicios tempranos sobre la potencialidad de una institución o idea, especialmente si tenemos en cuenta que Dios puede hacer milagros. Todos los proyectos humanos y divinos suelen tener comienzos humildes, pero los que provienen de Dios, con el tiempo y con su gracia florecerán y prosperarán; todo será cuestión de fe y de paciencia; los que no son de Dios se desvanecen por sí solos (Hch 5, 38-39).

El evangelio nos ha llamado siempre a creer en el poder de los pobres y humildes, mientras que el mundo cree en el poder de los ricos y poderosos. Desde los días del Exodo, Dios está de parte de los pobres y perseguidos. Todos los esfuerzos del faraón egipcio fueron inútiles contra los planes de Dios para salvar a su pueblo. Los humildes están llamados a poner toda su esperanza en el Señor. Los cristianos de Roma estaban siendo aplastados por el emperador Nerón, pero siguieron fieles al Señor porque sabían que Dios no abandona a los pobres y humildes. Todo el libro del Apocalipsis es una invitación a confiar en el Señor cuando nos encontremos en medio de persecuciones y obstáculos, ya que Dios siempre cuida de los suyos y sale en su defensa, en las vidas de los santos podemos ver cómo muchos comenzaron su misión en medio de la pobreza y de los malentendidos; su fidelidad al Señor fue premiada con frutos abundantes, Podemos recordar el ejemplo de san Francisco de Asís y los comienzos humildes de la Madre Teresa de Calcuta. En todo tiempo Dios nos sigue recordando que los que ponen su confianza en él experimentan su poder salvador.

12 DOMINGO ORDINARIO

Tema: No tengas miedo

Lecturas: Job 38, 1. 8-11; segunda a los corintios 5, 14-17;
Marcos 4, 35-41

El evangelio nos presenta el conocido tema de la tempestad calmada por Jesús, tan actual para los cristianos de san Marcos que
casi se habían ahogado en la sangre de la persecución del emperador romano Nerón. El mar encrespado es ocasión de la revelación
de Jesús, del mismo modo que, como nos enseña San Pablo, en
nuestras debilidades resplandece el poder de Dios.

Mientras que sus vecinos, los fenicios, veían en el mar un sin-
número de rutas comerciales, los judíos miraban al mar como algo
siniestro y diabólico, lleno de peligros y habitado por monstruos
que solamente Dios podía dominar. *Jesús manda callar al mar con
las mismas palabras que había usado para el endemoniado* en la
sinagoga de Cafarnaúm; el mar era el abismo (infierno) donde los
enemigos de Dios perecían como habían perecido los egipcios en
el Éxodo.

Dios, en la creación y en la historia, había revelado su poder
sobre las olas del mar. Jesús domina el mar porque él es la presencia y acción de Dios en el mundo. Por eso, los discípulos que antes
se habían asustado ante la violencia de la tempestad, al ver el milagro "quedaron espantados" con una nueva clase de temor—religioso—ante esta experiencia del poder y de la presencia de Dios
en Jesús.

El mundo es un mar sucio lleno de olas de *violencia, materialismo, prejuicios, manipulación política y económica, ambiciones, revoluciones, guerras, terrorismo y discriminaciones.* Sólo la
acción milagrosa de Cristo y de los cristianos pueden vencerlo,
trabajando por propagar los principios evangélicos de fe en Dios,
hermandad entre las personas, y el perdón de las ofensas.

Nosotros también, como los apóstoles, quizás estamos llenos de
miedos de personas, sucesos e ideas; tenemos miedo a escuchar,
a cuestionarnos y a expresarnos. En medio de los peligros y problemas que nos rodean, Jesús parece estar dormido y espera a
que le despertemos dentro de nosotros, con nuestras oraciones,

para que con su ayuda podamos controlar la situación. Con él lo podemos todo.

Muchos cristianos se sienten hoy como lo expresaba la poesía del gran Lope de Vega: "Pobre barquilla mía—Entre peñascos rota,—Sin velas, desvelada,—Entre las olas sola".

13 DOMINGO ORDINARIO

Tema: La fe, fuente de Vida

Lecturas: Sabiduría 1, 13-15; 2, 23-24; segunda a los corintios 8, 7. 9. 13-15; Marcos 5, 21-43 o bien 5, 21-24. 35-43

El evangelio cuenta un doble milagro de sanación en situaciones casi desesperadas, con énfasis en la fe (de Jairo y de la mujer); la mujer no había recibido esperanzas de los médicos que se sentían impotentes con su ciencia ante la enfermedad, pero sabe que hay algo que vale más que las opiniones de los médicos; Jairo no acepta que su hija esté definitivamente muerta, aunque sus amigos se rían y se burlen de Jesús. Jairo y la mujer se echan a los pies de Jesús, y ponen en él toda su esperanza.

Jairo, un hombre distinguido en la sinagoga, se acerca a Jesús públicamente, aunque sabe que hay compañeros suyos que ya buscan la muerte de Jesús. La mujer, humilde e ignorada, pero llena de fe, se acerca silenciosamente a Jesús, sin darse cuenta de que la es igualmente importante para el Señor; Jesús reconoce y hace pública la fe de aquella mujer humilde.

Jesús en este evangelio aparece vencedor de la enfermedad y de la muerte. Algunos quieren ver este evangelio como vitalista y feminista. Un milagro sirve para explicar el otro: La fe activa produce la sanación en la mujer y Vida en la hija de Jairo. El jefe de la sinagoga, para acercarse a Jesús necesitó fe y valentía, ya que tuvo que separarse de los otros jefes que generalmente eran hostiles a Jesús; el amor paterno venció los prejuicios sociales y religiosos. La mujer se acercó a Jesús y le tocó de un modo muy diferente de los que apretujaban a Jesús. Ella le tocó deliberadamente y con fe. Jesús identifica y singulariza a los que se le acercan con fe. La mujer quedó inmediatamente sanada y purificada.

Nosotros, cuando vamos a Jesús con nuestras oraciones, especialmente en medio de multitudes y peregrinaciones, puede parecer que apretujamos a Jesús, como la gente del evangelio de hoy. Pero Jesús se fija y aprecia la fe con la que venimos a él ya que sabemos que en él vamos a encontrar la vida y la esperanza. Al llegar a la casa de Jairo, los plañideros y alborotadores, se reían de

Jesús (¡increíble!). Jesús resucitó a la niña que quedó tan sana que hasta recobró el apetito.

La muerte no tiene ningún poder ante Jesús; es un sueño del que Jesús nos va a despertar un día. La muerte no es el límite absoluto desde que Jesús se enfrentó con ella; si la muerte es un sueño, también la vida es un sueño, como nos lo recuerdan las antiguas poesías españolas. En la vida tenemos muchas muertes (*injusticias, discriminaciones, desencantos, desamor,* de las que Jesús quiere despertarnos para que se acaben, ya aquí en esta vida. ¿Qué es la muerte? ¿Qué es la vida? Una depende de la otra: el final de una etapa o proyecto, y el comienzo o *"natalicio para el cielo"* de una vida nueva y eterna. Todo lo que no se ajusta al plan de Dios es demonio.

14 DOMINGO ORDINARIO

Tema: La debilidad humana, la fuerza de Dios

Lecturas: Ezequiel 2, 2-5; segunda a los corintios 12, 7-10; Marcos 6, 1-6

El evangelio narra la visita de Jesús a su pueblo natal de Nazaret. Después de contar los milagros con los que Jesús había demostrado su poder sobre las personas que habían puesto su fe en él. San Marcos nos presenta el rechazo de Jesús por los suyos porque no tenían fe. Los Nazaret creían conocer a Jesús desde niño; conocían sus raíces, a su madre y a sus parientes. Solamente después de la resurrección los apóstoles lo reconocieron claramente y nosotros sólo en el cielo lo conoceremos perfectamente. El Jesús físico que tenían delante (como toda persona) era la punta de un iceberg—una montaña de hielo. Lo conocían poco y exteriormente: era un carpintero, miembro de una familia local; tenía gran sabiduría y corazón; conocían sus obras notables sólo de oídas. Su conocimiento superficial los cegaba para poder conocerlo más a fondo.

Algo parecido nos sucede hoy a nosotros: el hijo de la vecina o un miembro de nuestra comunidad nunca nos parece un genio. (. . . y como suele decirse entre conferencistas, *"un experto es uno que viene de lejos, y cuanto más de lejos, más experto."*)

Si Dios se nos revelara a nosotros a través de acciones o personas grandiosas, nos ahorraría el trabajo de hacer decisiones de fe a ciegas; esa fe tendría poco mérito. Los suyos no recibieron a Jesús; se escandalizaban de él y no creían. Jesús, que a veces se había admirado de la fe de los paganos (el centurión, la siro fenicia), aquí se admiró de la falta de fe de los suyos. Jesús "no pudo hacer milagros allí" porque Dios no nos fuerza a creer, y porque los milagros son inútiles para los que no quieren ver la mano de Dios, donde no hay fe.

La gente sencilla tiene mucha fe, por ello recibe tantos "milagros" que los que no son sencillos critican o rechazan. En Nazaret chocaron el orgullo y la suficiencia humanos con la debilidad y la humildad de Dios. Dios no se hace espectacular, y sólo la humildad puede reconocerlo.

Hoy podríamos preguntarnos: ¿Qué imagen de Jesús te ofrece la fe que tienes en él? ¿Quién es Jesús para ti? ¿Es un líder social, curandero, teólogo, profeta, Hijo de Dios? ¿Quién eres tú y cómo ves a tu prójimo? ¿Vas más allá de los títulos buenos o malos, como ingeniero, director, doctor, jefe, albañil, desempleado, pobre o borracho? Uno no es ni lo que se cree que es ni lo que lo creen los demás. Cada uno es como Dios lo ha hecho y como Dios lo ve, si hijo/a.

Un canto apropiado para este domingo es: *"Con nosotros está y no lo conocemos . . .")*

15 DOMINGO ORDINARIO

Tema: La evangelización cristiana

Lecturas: Amós 7, 12-15; efesios 1, 3-14 o bien 1, 3-10;
Marcos 6, 7-13

El evangelio de este día llevó a la conversión a S. Francisco de
Asís abrazando una vida de pobreza. Jesús desea que sus discípulos sean sus colaboradores y los continuadores de su misión.
Según la costumbre de los rabinos judíos y de los antiguos profetas de entrenar a sus discípulos, Jesús los envía con un mensaje y
con instrucciones bien concretas: la meta es ganarse y convertir
a las personas. Van a ir de dos en dos, a pie (no en bicicleta como
los Mormones . . . ni en Cadillac), en pobreza, austeridad y
sencillez.

Aunque se suele decir que "poderoso caballero es don dinero",
en la evangelización, "la dama pobreza", (de San Francisco de
Asís), va a tener más poder para vencer y convencer los corazones.
Para evangelizar efectivamente es importante tener un corazón
rico y emplear medios pobres, ya que los medios no causan la eficacia de la predicación sino el testimonio personal y la gracia de
Dios. Los misioneros y los catequistas tienen que ir con confianza,
sin miedos, con la seguridad de Jesús en ellos. El ir en parejas
facilitará la caridad cristiana que debe acompañar a toda predicación. Van a predicar en pobreza, sin equipaje, ya que hay una
prisa escatológica que no debe distraerse en cosas accidentales.

Este modo de predicar, en pobreza y sencillez, dependiendo de
la hospitalidad local, se adaptaba muy bien a Galilea en tiempos
de Jesús. S. Pablo, sin embargo, tuvo que adaptar los medios para
su misión, necesitando dinero para sus viajes apostólicos; en todo
tiempo habrá que recurrir a medios nuevos, siempre en sencillez
y sobriedad, desafiando las tentaciones del materialismo, consu-
mismo, y la idolatría del dinero, poder y placer. Jesús, más adelante, arrojó a los mercaderes fuera del templo; ahora los mercaderes se meten en las iglesias, por internet y por medio de sus
folletos propagandísticos de libros, ornamentos, y objetos que
realmente no facilitan mucho el apostolado; lo único que buscan
es hacer dinero de las iglesias con los productos que ofrecen. El

apostolado más eficaz es el que nace del corazón, y no el que confía en los programas prefabricados.

Los destinatarios del evangelio, de la buena Nueva, son preferencialmente los pobres; la pobreza capacita a la Iglesia para ser escuchada y comprendida mejor. Los discípulos van a ir como REPRESENTADORES de Jesús (haciéndolo presente en sus propias personas), libres de todo, con vida pobre, "ricos en mensaje y pobres en equipaje", llenos de confianza y sin miedos, alentados por las palabras y promesas de Jesús, dejando el resultado en las manos amorosas y providenciales del Padre.

16 DOMINGO ORDINARIO

Tema: Un retiro espiritual

Lecturas: Jeremías 23, 1-6; efesios 2, 13-18; Marcos 6, 30-34

En el evangelio Jesús recomienda a sus discípulos tomarse unas "vacaciones" espirituales para descansar y reflexionar sobre la misión que acababan de terminar predicando el evangelio por Galilea. Después de la acción pastoral tenemos que reflexionar y evaluar lo que hemos hecho para así poder aprender y comprender lo que Dios hace a través de nosotros. Los discípulos volvieron de su misión poco después del martirio de Juan Bautista y necesitaban tranquilidad, consuelo y crecimiento en su fe. Había que poner distancia del trabajo para poder evaluarlo y evaluarse.

Todo evangelizador (todo cristiano), para poder seguir dando y dándose, necesita tiempos de tranquilidad, soledad, meditación, estudio, diálogo, reposo y relajación. Hay peligro de estar sobrecargado, desanimarse, desilusionarse y quemarse. De vez en cuando hace falta recargar las baterías. En días de retiro o de ejercicios se encuentra tiempo para oración, silencio interior, paz e intimidad con Dios, para poder mantener el calor y fervor sin enfriarse. En verano la gente se toma vacaciones del trabajo para descansar y reponer las fuerzas. ¿Qué clases de vacaciones espirituales son necesarias para reponer las energías que nos chupa el mundo? Se puede tomar en verano, como parte de las vacaciones una semana o un fin de semana para un retiro silencioso, un estudio de biblia, un trabajo apostólico, una peregrinación . . ., un tiempo no de escape sino de autocrítica espiritual, evaluando nuestra vida, nuestras relaciones familiares y, sobre todo, nuestra relación con Dios nuestro Padre.

Es importante ver cómo se comporta Jesús cuando la gente interrumpe sus planes, sean de descanso o cuando quiere tener una comida tranquila con sus amigos; siempre pasa algo que viene a interrumpir la escena (*En Caná, la falta de vino; la pecadora que viene a un girle; en Betania los comentarios de Judas; en la última cena la terquedad de Pedro*, etc.) Jesús, no reacciona con impaciencia o manifestando frustración, sino lleno de compasión se olvida de su cansancio y de los discípulos, y pasa a preocuparse de la pobre gente; después de haberle dado dirección podrá descansar.

¿Cómo reaccionamos cuando algo o alguien viene, a interrumpir nuestros planes?

Los sacerdotes, a veces, podemos sentirnos agobiados por las muchas necesidades de los fieles que nos rodean. No hay que olvidar que los sacerdotes somos seres humanos y que a veces se espera demasiado de nosotros. También nosotros necesitamos vacaciones físicas y espirituales. Todos procuramos a Jesús como modelo, pidiéndole que nos dé la paciencia y, sobre todo, la caridad que motivó toda su vida.

17 DOMINGO ORDINARIO

Tema: Dar pan a los pobres.

Lecturas: segundo libro de los Reyes 4, 42-44; efesios 4, 1-6; Marcos 6, 1-15

En el evangelio dejamos de momento a un lado en evangelio de San Marcos que leíamos las semanas pasadas, para comenzar la lectura del capítulo sexto de San Juan que leeremos los cinco domingos siguientes. Hoy leemos el signo, el milagro de la multiplicación de los panes que sirve de introducción a Discurso Eucarístico de Jesús que explicará el significado de este milagro.

La multiplicación de los panes mira al milagro del maná que alimentó al pueblo de Israel durante los cuarenta años del éxodo de Egipto, y mira especialmente a la Eucaristía con la que Jesús nos alimenta a lo largo de nuestra vida; mira también al banquete final que esperamos compartir en el reino de los cielos.

La narración nos sugiere que Jesús es un nuevo Moisés, más grande que el antiguo: el milagro sucede "en el monte," recuerda "el maná", y Jesús cruza "el mar" después del milagro. Jesús tomó la iniciativa para dar de comer a la gente, estando en todo momento en control de la situación. El pan, más que una cosa concreta material, es símbolo de la vida (*"ganar el Pan"* es ganarse la vida) y de la bondad de Dios.

Jesús parece dar de comer personalmente a cada uno; en la Eucaristía, el Nuevo Maná, Jesús hoy hace lo mismo y nos alimenta personalmente a cada uno. Jesús mandó al final recoger los fragmentos que habían sobrado para que no se perdieran, simbolizando la reunión de los fieles en la comunidad cristiana—la Eucaristía los reúne—para que no se pierdan.

Jesús no se limita a dar pan material, sino que da además el pan espiritual (de su Palabra, en el discurso siguiente) haciendo uso de todo su poder. Jesús quiere que todos lleguen a tener su alimento espiritual y que a nadie le falte el pan material. El dar el pan material es un signo del don del pan espiritual; cuando hacemos caridad (damos "pan") damos a Cristo a los demás y les damos, Vida. La gente responde al milagro de Jesús de una manera superficial; les interesa Jesús por lo que puede darles, por los beneficios

y ventajas materiales que pueden obtener de su compañía y segui-
miento; esto continúa sucediendo hasta nuestros días.

Este domingo, en muchos lugares, se celebra el Día Internacional del Hambre en el mundo. Se puede hablar siempre de la
situación presente en África, Sudamérica, Asia, y hasta en áreas
de nuestras ciudades. Las grandes hambrunas del mundo nos de-
safían a tomar la iniciativa como Jesús. Se debe invitar a los fieles
a contribuir generosamente a la organización de CARIDADES
CATOLICAS (Catholic Charities).

18 DOMINGO ORDINARIO

Tema: El Pan de Vida

Lecturas: Exodo 16, 2-4. 12-15; efesios 4, 17. 20-24;
Marcos 6, 24-35

El evangelio contiene en comienzo del Discurso Eucarístico de
Jesús en la sinagoga de Cafarnaúm después del milagro de la
multiplicación de los panes. La finalidad del discurso es revelar
otro aspecto de la verdadera identidad de Jesús: en el centro del
discurso, los judíos se preguntan quién es Jesús, y la final Pedro
confiesa que Jesús es el que tiene palabras de vida eterna y es el
Elegido de Dios.

El Jesús que alimenta a los hambrientos es la presencia de
Dios—del Padre—que ya había alimentado al pueblo de Israel en
el desierto con Moisés. La gente iba en busca de Jesús, como nosotros algunas veces, no porque lo querían a él personalmente, sino
porque deseaban recibir sus dones. Se buscaban más a sí mismos
con su propia satisfacción y conveniencia. Jesús deseaba que se le
buscara a él, por sí mismo, como revelación del amor del Padre.

Jesús les recuerda que lo único que merece ser buscado es el
alimento imperecedero. El Maná no era un simple pan milagroso
que bajaba de la panadería del cielo (materialista), sino algo que
debía llevarlos a una fe más profunda en Dios y a una relación de
amor agradecido.

Jesús es el verdadero Pan que baja del cielo. Ya en el antiguo
testamento el pan verdadero que iba a quitar todas las hambres
era la Palabra de Dios, porque "no solo de pan vive el hombre"; en
el nuevo testamento el pan de la persona de Cristo y de su palabra
pueden remediar, en primer lugar el hambre de sed y justicia, así
como las otras hambres de la humanidad: paz, libertad y felicidad;
ni el pan físico ni el maná podían saciar esas hambres. Jesús revela
que la fuente de felicidad y de satisfacción auténtica es el hacer la
voluntad del Padre, el llevar a cabo las obras de Dios; esta felicidad comienza en la tierra y continuará en la salvación definitiva
en el cielo.

Cada vez que asistimos a la Eucaristía, nosotros también pedi-
mos a Jesús que nos dé siempre de este pan que él promete, pero

muchos cristianos parecen vivir en un estado de continua huelga de hambre o de hambre permanente; no se acercan a recibir a Jesús en la Comunión. Quizás esto se deba a que algunos se consideran indignos por el sentido de reverencia que tienen para la Eucaristía. Pero hay que recordarles que antes de la Comunión todos decimos "Señor, yo no soy digno de que entres en mi morada". Vamos a la Eucaristía por nuestro amor a Jesús y porque nos sentimos necesitados de él, para que el Pan de los Fuertes nos dé fuerzas para vivir el amor cristiano.

19 DOMINGO ORDINARIO

Tema: La fuerza del Pan de Dios

Lecturas: primer libro de los Reyes 19, 4-8; efesios 4, 30—5, 2; Juan 6, 41-51

El evangelio continúa el Sermón Eucarístico de Jesús en el diálogo de la sinagoga de Cafarnaúm. Los judíos en torno a Jesús criticaban y murmuraban como ya lo habían hecho sus antepasados en el desierto con Moisés. El pan que Jesús va a dar es algo mucho más grande que el maná del desierto que quitaba el hambre por un día. El pan de Jesús quita el hambre para siempre.

La promesa del pan de vida eterna no elimina la muerte física que es parte de la naturaleza humana, pero anuncia y prepara la resurrección futura: "Yo lo resucitaré en el día final". El banquete de la Eucaristía y del pan de Jesús es un anticipo del banquete de la vida eterna.

Los judíos criticaban las palabras de Jesús porque creían que sabían quién era y de dónde venía. Lo terreno les impedía ver lo celestial. Jesús quería que vieran la mano de Dios en lo que había acontecido; el Dios que les alimentaba ahora era el mismo Dios que había alimentado a sus antepasados en el desierto. Aquellos judíos que ya estaban artos de pan material que Jesús acababa de darles no podían tragar el Pan de la Palabra de Dios que Jesús ahora les ofrecía.

Los cristianos para los que san Juan escribía su evangelio entendían muy bien el significado de las palabras de Jesús. Celebraban ya la Eucaristía de modo muy semejante a como la celebramos hasta hoy en la Iglesia Católica. En la misa recibimos primero a Jesús, en la Liturgia de la Palabra, como pan de vía en la Palabra de Dios, y luego pasamos a recibirle, en la Liturgia Sacramental, en el Pan y el Vino consagrados que son el Cuerpo y la Sangre de Cristo.

Jesús y su Palabra es el pan de vida que produce vida y transforma la vida de quien lo recibe con fe. Éste es el pan que lleva a la vida, anima la vida, sustenta, alimenta, ayuda a crecer, da fuerzas, deleita y repara. El que se alimenta bien y asiduamente de Cristo va a recibir fuerzas para continuar la vida de fe, resistir el pecado y sus tentaciones, perdonar, trabajar y sacrificarse por los demás. Quizás algunos cristianos se sienten débiles en su vida espiritual porque no saben apreciar y asimilar bien el pan de Jesús.

Al cuidar de nuestras necesidades físicas, cuando vamos de compras, siempre buscamos el pan mejor: pan integral, pan con miel o pan francés; pero estos panes no satisfacen; buscamos un pan para que nos dé fuerzas, para no engordar, para mantener la salud y la juventud. El Pan de Jesús, como ya lo decía san Ignacio de Antioquía, es "medicina de inmortalidad", que tenemos siempre a mano, y que nos va a llevar hasta la vida eterna. El recibir la Comunión no debe ser visto como un premio para los buenos, sino como un alimento absolutamente necesario para todos los hijos e hijas de Dios. Es un Pan memorial, lleno de recuerdos, que nos trae a la memoria el amor del Padre revelado en el sacrificio de su Hijo que derramó su sangre por nosotros. Es un Pan que debe despertar en quien lo recibe el deseo de responder a ese amor de Jesús, compartiendo su amor con los demás, aceptando el sacrificio en su vida y trabajando por remediar especialmente a los necesitados de pan material.

20 DOMINGO ORDINARIO

Tema: El Cuerpo y la Sangre de Cristo

Lecturas: Proverbios 9, 1-6; efesios 5, 15-20; Juan 6, 51-58

El evangelio contiene la revelación del Jesús Sacramentado, tan fundamental en la vida del pueblo católico. El discurso de Jesús en la sinagoga de Cafarnaúm culmina con unas afirmaciones que para los judíos (y para algunos cristianos de hoy) parecían totalmente escandalosas: ¡Comer carne y beber sangre! Los católicos creemos que esto se hace realidad cuando recibimos la Sagrada Comunión. La mayoría de los protestantes lo niegan, y lo interpretan como un símbolo o una metáfora.

En todo el discurso eucarístico de Jesús puede verse una progresión, aunque se vayan repitiendo las mismas palabras y frases: En la primera parte del discurso era el Padre quien había dado pan en el antiguo testamento y seguía dando el pan del cielo; en la segunda parte del discurso es Jesús quien va a dar, en futuro, el pan del cielo. En la primera parte se hablaba de creer y recibir el pan por medio de la fe; en la segunda se habla de comer y beber. Jesús va a dar un alimento totalmente nuevo. El Pan de Vida es su propia carne y mira al sacrificio del Calvario. La vida eterna se va a dar a través del sacrificio y la muerte de Jesús.

Los creyentes están llamados a asimilar y compartir la muerte de Jesús a través de una identificación total con Jesús. En el discurso de Jesús se habla siete veces del pan, y seis veces de "quien come mi carne"; la séptima concluye diciendo que "el que me come A MÍ, vivirá por Mí". El cristiano se hace lo que come: come y recibe a Cristo para hacerse cada vez más como él. La carne-sangre es la totalidad de la persona de Cristo en su corporeidad que se sacrifica. Nosotros a veces nos referimos a la persona como "carne y hueso". Sacramentalmente decimos que los esposos son "una sola carne" o una existencia compartida. San Juan, al comienzo del evangelio nos dice que "el Verbo se hizo carne", porque compartió nuestra naturaleza y se solarizó con nosotros. En la Comunión asimilamos a Jesús para poder hacernos semejantes a él.

Para nosotros, la Comunión es una solidarizarse con Jesús en su amor hasta el sacrificio. Jesús, a través de su muerte, se convirtió en pan, haciéndose Eucaristía en el amor. Nuestra comunión con Cristo en su amor sacrificial eucarístico, misterio o sacramento de nuestra fe, implica caridad, sacrificio, comunidad con él y con sus hermanos y hermanas; nos debe vacunar contra el egoísmo, la explotación y la desigualdad. La Eucaristía es un compromiso y no un rito mágico: "Ni vida sin misa ni misa sin vida" es fundamental para una vida cristiana auténtica. En la segunda lectura de este domingo escribiendo a los cristianos de Éfeso, san Pablo nos describe cómo debe ser una vida cristiana vivida en la Eucaristía y el amor a Cristo y a los hermanos: una vida alegre y confiada porque vivimos en comunión continua con Cristo.

21 DOMINGO ORDINARIO

Tema: Fuera de Jesús no hay nada

Lecturas: Josué 24, 1-2. 15-17. 18; efesios 5, 21-32; Juan 6, 55. 60-69

El evangelio presenta los resultados del Sermón Eucarístico de Jesús que hemos leído los domingos pasados. La Eucaristía desde un principio fue piedra de escádalo para algunos, y todavía lo sigue siendo. Judas fue uno de los primeros en protestar contra la enseñanza de Jesús. Judas no creía en la Eucaristía ni el en sacrificio. Es una lástima que no se retiró aquel día de seguir a Jesús, ya que continuó siguiendo a Jesús pero sin creer en él.

La Eucaristía de Cristo, desde el Sermón Eucarístico, o reúne o desbanda a los que le siguen; es o lazo de unión o piedra de contradicción. Los que escucharon a Jesús tenían que hacer una opción de fe ante él; lo más importante no era el entender el alcance y significado de sus palabras que oían sino la adhesión y fe en él que Jesús pedía. A veces tratamos de entender a las personas cuando lo más importante no es el entenderlas sino el amarlas y respetarlas.

Pedro, con los otros diez discípulos, se adhirió a Jesús, aunque seguramente no entendía el significado profundo de lo que Jesús acababa de decir; lo iba a entender después de la pasión y resurrección. Nuestra fe no consiste en dar la adhesión porque entendemos sino que creemos para poder entender nuestra fe, como nos lo enseñaba san Anselmo. El amor y la benevolencia, hacia Cristo y hacia las demás personas, nos ayudan y capacitan para comprenderlas y aceptarlas mejor.

El discurso de Jesús provocó lo que se ha llamado "La crisis de Galilea", que fue una desbandada general en la que muchos se apartaron de Jesús y de su doctrina; esta desbandada continuaba sucediendo en la comunidad para la que san Juan escribía el evangelio y las cartas, en la que algunos negaban el sacrifico salvífico de Jesús y la Eucaristía; esta desbandada o crisis continúa sucediendo hasta nuestros días. Hay gentes que se separan de la Iglesia, y de Cristo, porque no les gusta lo que oyen o les enseñan: *Hay quienes, porque encuentran difícil la enseñanza de la Iglesia sobre la contracepción y el aborto, y se alejan y desbandan*; otros no están de acuerdo con la Iglesia en su enseñanza sobre el divorcio o el sexo prematrimonial y por ello se alejan y se desbandan; otros porque no les gusta la enseñanza social de la Iglesia se retiran para no comprometerse y cambiar de valores; a otros no les gustan algunas de las declaraciones del Papa sobre algunos temas, y lo toman como excusa para alejarse de la Iglesia y de Cristo. Para poder tragar a Jesús y su lenguaje, como para aceptar toda las enseñanzas de la Iglesia, hace falta tener fe comprometida y amor; el que no tiene Espíritu de Jesús no puede digerirlo. Los cristianos nos adherimos a Cristo, con Pedro, porque él sólo tiene palabras de Vida eterna, y porque fuera de Jesús sólo hay hambre, frío, oscuridad, confusión, peligro e inseguridad.

22 DOMINGO ORDINARIO

Tema: Sinceridad con Dios

Lecturas: Deuteronomio 4, 1-2. 6-8; Santiago 1, 17-18. 21-22.
27; Marcos 7, 1-8. 14-15. 21-23

Esta semana, al final del verano, la Iglesia vuelve a leer el evangelio de san Marcos. Hoy se subraya que la religión auténtica es la que brota del interior del corazón. La pureza del corazón es lo único que cuenta. La religión exterior recibe su valor de la actitud interior de la persona. El pecado brota desde dentro. Jesús atacaba a los fariseos, no por sus creencias ni por sus mismas prácticas, sino por su hipocresía; su oración era pura apariencia y rutina; su amor a la ley de Moisés era un legalismo despiadado, sin amor a las personas; su celo era una mezcla de orgullo y de egoísmo; su religión era palabrería, ceremonias, folklore religioso sin alma y corazón; tenían una religión de fachada, de apariencias externas; eran buenos comediantes, y hasta comerciantes, de la religión, en sus trajes y en sus prácticas.

La religión verdadera, como se recalcará en la segunda lectura, no consiste simplemente en ajustarse a una serie de prácticas y observancias externas; está ligada al ejercicio del amor, el perdón y la compasión que se revelan en gestos concretos que son el fruto de una disposición interior. Jesús anuncia que lo que contamina a la persona es lo que sale del corazón, si el corazón está manchado. La suciedad no es causada por no lavarse las manos sino por tener entre las manos negocios sucios y creerse limpio.

San Marcos, para beneficio de sus lectores paganos, describe las purificaciones judías de los fariseos. No es que el lavarse las manos estuviera mal, sino el considerarlo como cosa principal, ignorando lo fundamental. Nuestro refrán dice: "haz primero lo necesario y luego lo voluntario", y también "el hábito no hace al monje". Hoy hay personas que se lavan las manos como los fariseos con . . . agua bendita, veladoras, medallas, escapularios, novenas repetitivas, peregrinaciones, retiros, y hasta primeros viernes; todo esto no está mal, a no ser que nos haga olvidarnos del amor a los demás, especialmente a los pobres y necesitados, ya que esto es lo necesario.

El evangelio de hoy nos hace pensar en los Testigos de Jehová y otros fundamentalistas y evangélicos que confunden a nuestra gente diciendo que no debe comer sangre, chorizo, menudo y otras comidas hispanas porque son impuras, manchan a quien las come, y están prohibidas en la biblia. Como nos enseña Jesús, lo que mancha a la persona no es lo que entra por la boca sino lo que sale de ella, en particular, cuando expresa orgullo, envidia, crítica, falta de amor e intransigencia. Parece que hay personas que aún viven en el antiguo testamento y no saben que Jesús vino a liberarnos de ritos que fueron buenos para otros tiempos. Para los cristianos, todos los alimentos son limpios, aunque no todos son siempre buenos para la salud. . . .

En línea con el mensaje del evangelio, la Carta de Santiago de la segunda lectura, nos recuerda que la religión auténtica y pura es la caridad con los necesitados, huérfanos y viudas . . . y desempleados, ancianos, enfermos, discriminados, indocumentados, drogadictos, presos y aislados; porque "antes es la obligación que la devoción"; hace falta una religión de obligaciones más que de devociones, de amor y dedicación a los necesitados. La religión auténtica consiste en aceptar la Palabra y traducirla en una vida que exprese la conversión del corazón. En nuestro mundo sobran palabras y faltan obras, si bien algunas veces vemos destellos hermosos en algunos programas de televisión y conciertos contra el hambre y la violación de los derechos humanos. Recordemos tres consejos básicos para la vida cristiana que nos ofrece el apóstol: todo lo bueno nos viene de lo alto; sé pronto a escuchar y tardo para hablar; vive lo que crees.

23 DOMINGO ORDINARIO

Tema: Sordo es el que no escucha, y ciego el que no quiere ver

Lecturas: Isaías 35, 4-7; Santiago 2, 1-5; Marcos 7, 31-37

En el evangelio se nos cuenta lo que se ha llamado un "milagro sacramental"; el rito del bautismo tiene referencias claras a este milagro cuando se toca la boca y los oídos de la persona bautizada. La acción de Jesús cumple y supera las profecías del antiguo testamento, tales como las de la primera lectura de este domingo. Jesús, en esta sección del evangelio, hace milagros en favor de personas paganas, porque el reino de los cielos iba a ir más allá de las fronteras del judaísmo.

Los milagros de Jesús eran signos de su amor (y de su poder), y señales para nosotros de lo que debemos hacer. Jesús vio las enfermedades, se compadeció, e hizo lo que pudo. Él no lo hizo todo, sino que dejó campo para que sus discípulos después de Pentecostés continuaran haciendo sanaciones, y para que nosotros también nos compadezcamos y hagamos lo que podamos.

Nuestro mundo está lleno de enfermedades como las que se mencionan en el evangelio, ya que nuestra sociedad quiere crear sordomudos o sordos selectivos. "No hay peor sordo que el que no quiere oír", dice el refrán. Hay unos "sordos de espíritu" que no saben escuchar, están cerrados al diálogo y aferrados a sus ideas; son sectarios que no se comunican ni quieren comunicarse con otros grupos, y que oyen los sermones "como quien oye llover".

Hay sordos y ciegos que no oyen ni ven la voz de Dios en la naturaleza, en la iglesia, en los buenos ejemplos, inspiraciones, acontecimientos, ni en el clamor de los pobres. Dios quiere que toda la creación escuche a su creador. El Padre pide que se escuche a su Hijo muy amado. Y si Dios escucha el clamor de los pobres, nosotros tendremos que hacer lo mismo. La creación escuchó el grito de Jesús al morir, y tembló; solamente los pecadores permanecieron sordos.

Hay también muchos mudos entre nosotros; algunos, bajo el pretexto de prudencia, porque "en boca cerrada no entran moscas". Hay quienes se callan ante las injusticias, no hablan ante las calumnias, no hablan a quien les ofendió, no saben decir "perdón" después de un error o un fallo, no hablan en favor de otros cuando podrían hacerlo, no alaban ni dan palabras de aliento, guardan silencios "prudentes", no rezan, no se confiesan, mudos por orgullo, miedo, pereza y egoísmo.

"El que se hace sordo, poco a poco se vuelve mudo". Necesitamos mucha sanación de Jesús. Los cristianos fuimos llamados desde el principio como "catecúmenos", porque debemos ser "los que escuchan", los que damos testimonio y hablamos de la verdad. Los que vieron el milagro de Jesús no podían quedarse callados; tenían que proclamar lo que Dios había hecho. Nosotros debemos hacer hoy lo mismo.

Una vez más, la segunda lectura nos ayuda a entender en mensaje del evangelio. Tenemos que mirar a las personas con los ojos de Jesús. Hay que valorar a las personas como las valora Dios, por lo que son y no por lo que poseen. Hay que evitar los criterios del mundo materializado y adulador. Para el mundo, el ser pobre es una desgracia; el pobre es mirado más como "algo" que como "alguien", sin personalidad y anónimo; la sociedad margina y enseña a marginarse al pobre, manteniéndolo a distancia o, a lo más, tolerándolo y "haciéndole caridad". Aunque hoy hay algo más de sensibilidad hacia los pobres, todavía hay una tendencia a adular y valorar al rico y a menospreciar y humillar al pobre. El apóstol Santiago afirma la dignidad de los pobres en la Iglesia porque Dios los ama con predilección y los hace ricos en la fe; así eran los primeros cristianos en su mayoría. Recordemos la sabiduría popular de nuestros refranes: "La pobreza no es vileza"; "ni la riqueza te ensoberbezca, ni te abata la pobreza"; "ni por rico te realces, ni por pobre te abajes". Además de la pobreza material, como nos recordaba la Madre Teresa de Calcuta, hay pobrezas más trágicas y engañosas: pobreza doctrinal o falta de conocimientos, pobreza moral o falta de valores, y pobreza espiritual o falta de virtudes.

24 DOMINGO ORDINARIO

Tema: El Cristo de la fe

Lecturas: Isaías 50, 5-9; Santiago 2, 14-18; Marcos 8, 27-35

En el evangelio leemos la confesión de san Pedro junto con el primer anuncio de la pasión, con sus implicaciones para los discípulos de Jesús. Poco antes de la confesión de Pedro, después de la multiplicación de los panes, los discípulos parecían ciegos; no acababan de entender el significado del milagro. Pero Jesús sanó al ciego de Betsaida (san Pedro era también de Betsaida), y a san Pedro se le abrieron los ojos para reconocer la verdadera identidad de Jesús por medio de la fe; esta fe era un don del Padre celestial.

Al proclamar la divinidad de Jesús, san Pedro hablaba más con el corazón que con la cabeza. La pregunta de Jesús a los discípulos no tenía por fin el hacer un sondeo sobre las opiniones de la gente o darles un examen de religión; Jesús quería de los suyos una respuesta vivencial de fe. Pedro aún no entendía qué clase de Mesías Jesús iba a ser. Como muchos judíos de su tiempo, Pedro podría pensar en un rey ungido por Dios, en un salvador glorioso, un líder religioso y político, un milagrero; para Pedro hubiera sido una contradicción pensar en un Mesías que se sacrificaba y que iba a morir. Jesús, por su parte, pensaba en el servicio, sufrimientos y fracasos, enemigos y muerte. El camino hacia el triunfo divino debía pasar por el fracaso humano. El camino a la pascua debía pasar por el Calvario.

San Pedro, como a veces nosotros, no veía la necesidad del sufrimiento y de la muerte para salvar. No veía que había que aceptar los sufrimientos y las injusticias para poder superarlos y vencerlos. Por ello, Jesús increpó duramente a Pedro llamándolo "satanás", obstáculo y escándalo, por su manera de pensar humana que solamente buscaba lo fácil y atractivo. Pedro tenía aún mucho que aprender para poder "tomar la cruz", abrazándose a Cristo y a su programa de salvación, de modo que un día, al final de su vida, acabara muriendo como el mismo Jesús en una cruz.

Jesús no buscaba la pasión y el sufrimiento; los aceptaba como parte de su fidelidad a su misión salvadora y de servicio. A veces nos gustan las cosas fáciles, y podemos pensar que la fe cristiana es una protección contra los conflictos, o una serie de valores para una vida pacífica y exitosa, como lo predican muchos ministros protestantes en la televisión. El cristiano debe mirar a la vida como una serie de obstáculos y pruebas que debemos superar con la ayuda de la fe. Pero si queremos el verdadero éxito, el salvar o ganar a los demás, conquistar el mundo para Cristo, debemos recordar aquello de que "no hay atajo sin trabajo"; hay que pagar un precio que suele incluir muchos sacrificios personales.

En la segunda lectura, el apóstol Santiago, una vez más nos habla de la relación entre la fe y las obras, un tema muy discutido durante la Reforma Protestante. Al habla de la fe, Santiago piensa en una fe nocional de dogmas y fórmulas que puede convertirse en una ortodoxia estéril y muerta. Para Santiago, como para san Pablo, la fe es una aceptación de Dios y de su acción salvadora que produce frutos de amor. Las obras de la ley, con sus ritos y ceremonias, no tenían eficacia para salvar. San Juan nos recuerda que no hay que amar de palabra o con la lengua sino con obras y en verdad. "El amor y la fe, en las obras se ve." La fe no es un opio sino un aguijón que debe estimular a obrar; la fe nos dice que ya es hora de despertar y de dedicarse a vivir la vida en su plenitud.

25 DOMINGO ORDINARIO

Tema: La grandeza cristiana

Lecturas: Sabiduría 2, 12. 17-20; Santiago 3, 16—4, 3; Marcos 9, 30-37

El evangelio presenta el contraste entre los sueños de Jesús y los de sus discípulos. San Marcos quiere que no olvidemos que la ambición del poder y del prestigio, de los honores y las riquezas, pueden darse en el terreno religioso tanto como en el terreno de la política; en todo tiempo los miembros de la Iglesia deberán resistir esa tentación. El silencio de los discípulos ante la pregunta de Jesús mostraba que se daban cuenta de que andaban equivocados.

Jesús pensaba en el sufrimiento, mientras los discípulos se peleaban sobre quién sería el más importante. En el reino que ellos esperaban, Pedro parecía ya tomar la delantera y ser una especie de Primer Ministro; Judas ya se hacía cargo de las finanzas; Santiago y Juan aspiraban a los primeros puestos al lado de Jesús; Simón el zelota podría ser ministro de defensa. Los discípulos se peleaban por ser los primeros mientras que Jesús se había hecho el último, carpintero y pobre, que se iba a rebajar hasta lavarles los pies en la última cena. Los discípulos pensaban en honores y "gloria" mientras Jesús hablaba de sufrimiento y de servicio. Dios no aprecia la grandeza del mundo. Dios aprecia al que es servidor desinteresado de los demás, como Jesús; al que es humilde y sencillo como María que se declaró la esclava y sierva del Señor. Dios, y la Iglesia, han apreciado la grandeza de santa Teresita del Niño Jesús que se consideraba como una niña pequeña ante Dios, sin darse importancia a sí misma, estando siempre dispuesta al servicio generoso de los demás. Necesitamos nuevos criterios para apreciar los éxitos y los fallos, la grandeza y la pequeñez.

Los apóstoles parecían tener miedo a entender a Jesús y su llamada al servicio, por aquello de que "el que ha de servir ha de sufrir". Jesús no quería ser recordado como el milagrero glorioso y divino que arrastraba a las multitudes, sino como el modelo de amor, humildad y servicio sacrificado hasta la cruz. Jesús nos sigue pidiendo apreciar y recibir al niño que no cuenta, al encargado de la limpieza, al campesino humilde, al indocumentado, al que viste pobremente y no sabe hablar bien, al enfermo, al que viene a pedir ayuda o información, a las visitas inoportunas. . . . La Iglesia está llamada a ser modelo de servidora y no sólo de Madre y Maestra. Al final de la misa los cristianos son enviados a servir a los demás, a los niños, a los más pequeños y a los que no cuentan para el mundo.

El evangelio nos pide aceptar la sabiduría proclamada en la segunda lectura. Hay dos formas de enfrentarse a la vida: hay una de ambición y egoísmo que produce rivalidades y discordias, y hay otra de caridad humilde que produce paz y armonía. "Los pacíficos siembran paz y cosechan frutos de justicia"; esto es lo básico. Nuestro mundo siembra vientos y produce tempestades, siembra armas y cosecha guerras y violencia, siembra rumores y nacen riñas, siembra dudas que resultan en ateísmo e infidelidad; todo esto sucede porque se favorecen demasiado los intereses egoístas que no dan la felicidad, ya que "el avariento, ni pobre ni rico está contento." Esta doble sabiduría se refleja en la manera de enfrentarse a la vida diaria: si quieres leer buenas noticias, lee la biblia; si quieres leer malas noticias, lee el periódico. Hay tantos pesimistas en nuestro mundo porque leen más los periódicos que la biblia.

26 DOMINGO ORDINARIO

Tema: El exclusivismo cristiano

Lecturas: Números 11, 25-29; Santiago 5, 1-6; Marcos 9, 38-43. 45. 47-48

El evangelio presenta a los apóstoles queriendo ser exclusivistas, formando un grupo cerrado. Jesús los llamaba a ser "inclusivistas", abiertos a todo lo bueno. Los apóstoles que no habían podido expulsar a un demonio, ahora querían prohibir que otro los expulsara. Hoy, entre nosotros, sigue existiendo un exclusivismo mezquino, egoísta y empequeñecedor, de "pertenecer a un grupo selecto" (Cursillo, grupo de oración, caballeros de Colón . . .) y de considerar a los otros como que "no son de los nuestros". Por desgracia, otros se dedican a poner trabas y dificultar a otros que también actúan en nombre de Jesús; en lugar de construir puentes entre las personas, se construyen barreras.

Todos somos de Dios y para Dios. El evangelio nos habla de colaboración y cooperación. San Pablo se alegraba de que otros compartieran con él la predicación; lo más importante para san Pablo era que Cristo fuera conocido. Del mismo modo, Juan Bautista se alegró al oír que muchos se iban detrás de Jesús. Pablo y Juan no se buscaban a sí mismos; lo buscaban todo para Dios y Jesús; por eso fueron siempre personas muy felices, porque la clave de la felicidad es el buscar la gloria de Dios en todo. Hay quienes se preocupan más del prestigio de su grupo religioso que de las cosas de Dios y del triunfo y la propagación del bien.

En el mundo, y en la Iglesia, tiene que haber partidos y grupos, pero sin partidismos; hay que cooperar con los demás, ayudándose mutuamente y alegrándose siempre del bien que hacen. No hay que sentirse dueños o depositarios únicos del poder y de la misión de Dios. Hay que dejar obrar a los demás con los dones y talentos recibidos de Dios.

Por desgracia, nuestra sociedad está llena de grupos y clubes exclusivistas, especialmente entre los ricos; esto se debe quizás a que están muy lejos del reino de los cielos. Los discípulos tuvieron la tentación de convertirse en una élite y de reservarse ciertos derechos y poderes. Jesús quiere que entre los suyos se comparta todo, los privilegios y los trabajos. Unos pocos no deben apropiarse todas las riquezas, como sucede en sociedades capitalistas; ni apropiarse todo el poder, como sucede en las dictaduras y oligarquías; ni todos los honores, como sucedía en los sistemas feudales; ni toda la sabiduría como sucedió en algunas culturas antiguas de Egipto y Babilonia. El cristiano trabaja por la igualdad y fraternidad en la libertad. En una parroquia hay que trabajar para que se comparta todo, de acuerdo a las disposiciones de cada uno. Hay que compartir los ministerios. Nadie es dueño de nada; todos somos siervos y administradores que trabajamos para un mismo Señor; estamos llamados a trabajar y cooperar como equipo, y a no competir unos contra otros. La tentación de los discípulos de Jesús sigue siendo una realidad entre los cristianos de hoy.

27 DOMINGO ORDINARIO

Tema: Evangelio y matrimonio—Igualdad entre los esposos

Lecturas: Génesis 2, 18-24; hebreos 2, 8-11; Marcos 10, 2-16
o bien 10, 2-12

El evangelio prohíbe claramente el divorcio. Por eso la Iglesia ha mantenido siempre la unidad e indisolubilidad del matrimonio; a veces ha tenido que pagar un alto precio por mantener esta doctrina. El evangelio no deja lugar ni para el divorcio ni para la poligamia. Inglaterra se apartó de la Iglesia católica porque el rey Enrique VIII no obtuvo el divorcio que pretendía. La Iglesia permite la separación (que no es un divorcio) de los esposos, cuando no se entienden o existe violencia; también la Iglesia puede declarar nulo o no-existente un matrimonio en el cual, al tiempo de celebrarse la ceremonia, hubo un fallo o defecto fundamental, como podría serlo la inmadurez de los contrayentes, el engaño, la presión excesiva y varias otras causas.

El matrimonio fue creado por Dios ya en el paraíso. Si el matrimonio tiene raíces divinas, desde el punto de vista de la fe, no es una simple institución social como otras, que pueda ser abolida o modificada según el capricho de las personas. El divorcio es frecuentemente la confirmación de la falta de aceptación, incomprensión, infidelidad, o de un error garrafal por parte de una persona. Es, generalmente, la ratificación de un fracaso, más que la corrección de un mal. Dios pide la entrega total, sin reservas, para siempre. Dios no manda lo imposible; además él promete su ayuda para que el matrimonio perdure.

El evangelio nos anuncia la posibilidad del amor perfecto y eterno; desde que vino Jesús e hizo del matrimonio un sacramento, sí se puede "estar a las duras y a las maduras". Todo amor exige sacrificio, pero es falso el refrán de que "busca arrepentimiento el que busca casamiento".

En el matrimonio se vive un amor sacrificado como el de Jesús. Existe la igualdad de derechos entre el hombre y la mujer; ninguno de los dos debe iniciar el divorcio. La mujer es una persona, lo mismo que el marido; no es una "cosa" que el marido posee, como parecían creerlo los que preguntaban a Jesús; buscaban tentar a

Jesús o ponerle en un aprieto, pues sabían bien que el divorcio era una práctica permitida y hasta común en su religión. Los fariseos querían saber si Jesús era liberal o conservador, como algunos de sus rabinos. En esto Jesús se mostró conservador, mientras que en otras materias legales Jesús a veces se mostraba liberal, contra la intransigencia de los fariseos.

El plan de Dios para el matrimonio, anunciado en la primera lectura sugiere una existencia compartida—una sola carne—en total igualdad, dignidad e intimidad; sin la mujer, el hombre sentía un vacío. Hombres y mujeres se necesitan mutuamente; sólo Dios puede llenar el vacío del uno sin el otro, como sucede en el celibato voluntario por razones religiosas y también cuando muere un cónyuge. En la creación, el hombre tenía animales a los que dominar, pero le faltaba un ser, la mujer, a quien poder amar con plenitud. En las narraciones del Génesis se subraya la unidad, igualdad, complementariedad y solidaridad de la pareja humana.

28 DOMINGO ORDINARIO

Tema: La respuesta de Dios

Lecturas: Sabiduría 7, 7-11; hebreos 4, 12-13; Marcos 10, 17-30
o bien 10, 17-27

El evangelio del joven rico ofrece la prescripción de Jesús para un caso concreto y una persona particular. Jesús no pedía a todas las personas la misma clase de renuncia; cada cual debía responder a Jesús a su manera. El desprendimiento es parte esencial de la vida cristiana. En los evangelios encontramos a Zaqueo, Marta-María y Lázaro, Nicodemo, José de Arimatea, y las mujeres que seguían a Jesús; todos tenían bienes, pero Jesús no les pidió a ellos que los dejaran y que le siguieran físicamente.

Este joven tuvo la oportunidad de ser como uno de los doce apóstoles, pero no tuvo valor para responder. Ni siquiera se comportó como un buen oriental "regateando" sobre la exigencia de Jesús. Este joven rico no se conocía a sí mismo: creía llevar una vida buena y piadosa; sentía que necesitaba algo más; pero no se daba cuenta de que estaba atado y apegado a las riquezas; por eso se hizo sordo a la invitación de Jesús. En nuestro tiempo hay muchos ricos sordos como el joven del evangelio; las riquezas no son un lugar muy apropiado para escuchar a Dios ni a los demás; tampoco son un lugar privilegiado para entender la biblia correctamente, ya que es la Buena Nueva para los pobres. El evangelio es amor desinteresado que nos llama a amar a las personas y a usar las riquezas para ayudar a los demás. Los ricos se salvan de milagro, como el camello pasa por el ojo de una aguja; ¡menos mal que Dios hace milagros! Cada vez que encontramos una persona rica y generosa nos encontramos con un milagro.

Siempre existe la tentación de enamorarse de las riquezas y de usar y abusar de las personas. La renuncia al dinero no es un bien en sí mismo sino una condición para seguir a Jesús en libertad total. Las riquezas pueden ser un bien peligroso, pues fácilmente dan origen al apego, egoísmo, orgullo y codicia; pero esto no debe empujarnos a glorificar la pobreza y menos la miseria. Los primeros Padres de la Iglesia subrayaban que es un crimen ser rico cuando se tienen hermanos pobres y no se comparte con ellos.

Las personas ricas deberán aplicarse a sí mismas la invitación a la generosidad del evangelio de este domingo, pero también deberán aplicársela aquellas personas que se mueren de ganas de ser ricas, las que no están contentas con lo que tienen y quieren tener siempre más; las que quieren enriquecerse a cualquier precio, sacrificando la honradez, religión, familia y conciencia; las que viven resentidas y amargadas por no ser ricas, llenas de envidia; las que son pobres, con espíritu de ricos. . . . Hay además ricos, como el joven del evangelio, que se imaginan ser pobres de espíritu, pero no se privan de nada, casi nunca comparten por razones que ellos creen válidas, y que sólo piensan en mantener su comodidad y en aumentar sus riquezas.

En la primera lectura se nos recuerda que la mayor y más preciosa de nuestras riquezas es la sabiduría, que una fuente de dones y de bendición. Los cristianos sabemos que Cristo es nuestra Sabiduría y nuestra verdadera riqueza; quizás por eso algunos cristianos "malgastan" sus riquezas materiales para adornar los templos del Señor. Los papás que dan una buena educación a sus hijos, les dan la mejor riqueza, con tal de que les enseñen a la vez a conocer y amar a Cristo en los demás.

29 DOMINGO ORDINARIO

Tema: La responsabilidad del poder—El servicio

Lecturas: Isaías 53, 10-11; hebreos 4, 14-16; Marcos 10, 35-45
o bien 10, 42-45

En el evangelio leemos la petición de los hijos de Zebedeo. San Marcos subraya la oposición de miras entre Jesús y estos dos discípulos, mientras que san Mateo la suaviza al poner esta petición en labios de la madre de Juan y Santiago. Jesús acababa de anunciar a sus discípulos su pasión con gran detalle, pero ellos seguían soñado en gloria, poder y riquezas. Los discípulos andaban pensando en lo que ellos iban a recibir, mientras que Jesús quería que pensaran en lo que tenían que dar—dar vida y hasta dar su vida. Los hijos de Zebedeo pidieron a Jesús un cheque en blanco: "queremos que nos concedas lo que te pidamos". Le piden a Jesús que haga la voluntad de ellos; no entendían aún que Jesús, y nosotros, sólo debemos preocuparnos de que se haga la voluntad del Padre.

Los demás apóstoles se enojaron con los dos hermanos; todos tenían las mismas ambiciones y los mismos pensamientos. Jesús definió el poder cristiano como una responsabilidad y un servicio a los demás. La verdadera dignidad cristiana no proviene de ocupar puestos importantes de autoridad, sino de dar la vida en servicio a los demás. En el mundo hay muchas fuerzas demoníacas que manipulan, explotan y esclavizan; hay demonios de carne y hueso que andan revestidos de lujos. . . . Jesús se entregó como rescate para liberarnos de la esclavitud de nuestro egoísmo, y para que ayudemos a los demás a ser libres.

Jesús revela tres modos de liderazgo: el primero es el de los príncipes de este mundo que les gusta señorearse; los cristianos no deben obrar como ellos; el segundo modo de liderazgo es el del amor que Jesús empleaba con sus discípulos, a través de la instrucción paciente, sencilla y gradual, fijándose en lo positivo, perdonando sus faltas de atención y de entendimiento con sus muchas incomprensiones; el tercer modo de liderazgo es el del ejemplo personal; Jesús los invita a beber el cáliz que él va a beber y a aceptar el bautismo de fuego que él va a recibir. Los cristianos aceptamos el liderazgo de Jesús y procuramos seguir sus pasos.

La Iglesia está llamada a ser una comunidad de servidores—"diáconos"—sin ambiciones políticas, personales o de grupo. La Iglesia no debe caer en la tentación de imitar al mundo en sus títulos, diplomas, organizaciones y procesos; todos somos llamados a ser verdaderamente "siervos de los siervos de Dios", al servicio de los que cuentan menos, los pobres y los necesitados.

La Iglesia celebra este día el Domingo Mundial de las Misiones: Jesús fue misionero, la Iglesia es misionera, y todos los cristianos estamos llamados a serlo como testigos de Jesús. Hay misiones en el seno de la comunidad cristiana que tienen misioneros especiales: papás, catequistas, educadores, trabajadores sociales, y muchos otros. Pero este domingo la Iglesia piensa de un modo especial en las misiones extranjeras y en la obligación de anunciar el evangelio a todas las naciones, especialmente a aquellas en las que Cristo todavía no es conocido. Unas personas, siguiendo el ejemplo de san Francisco Javier, patrono de las misiones, pueden ir por el mundo como misioneros religiosos o laicos; otras pueden ser misioneras como santa Teresita del Niño Jesús, co-patrona de las misiones, que ofrecía sus oraciones y sacrificios por los misioneros. Otras personas pueden ayudar con su cooperación económica y con cartas de apoyo a los misioneros y a sus causas.

30 DOMINGO ORDINARIO

Tema: El cristiano, el iluminado por Jesús

Lecturas: Jeremías 31, 7-9; hebreos 5, 1-6; Marcos 10, 46-52

En el evangelio, así como Jesús abrió los ojos de san Pedro al curar al ciego de Betsaida, de modo que Pedro puedo reconocer y confesar la verdadera identidad de Jesús, este domingo, a través de la curación del ciego de Jericó, Jesús abrió los ojos de los discípulos para que entendieran los anuncios de la pasión que había hecho, como una llamada a una vida de servicio y sacrificio, y para que pudieran realmente acompañarle al entrar en Jerusalén el Domingo de Ramos. El versículo que sigue a este evangelio en la narración de san Marcos marca en comienzo del relato de la entrada de Jesús en Jerusalén y de la pasión.

Jesús abrió los ojos de sus discípulos para que pudieran entender lo que iba a suceder en Jerusalén, que sería la suerte de los suyos en el futuro; ellos tendrían que seguirle un día hasta la cruz del martirio. El ciego Bartimeo sabía que Jesús era su única salvación; por eso llamaba a Jesús con insistencia y a gritos, a pesar de que trataban de silenciarlo. En aquel tiempo no había programas para ayudar a los minusválidos o a los descapacitados que no tenían futuro. Jesús venía a abrir horizontes nuevos y a dar nuevas posibilidades. Cuando Jesús llamó al ciego, éste tiró su manto para correr hacia Jesús, simbolizando aquella prisa escatológica que no permitirá volver a casa a recoger el manto, en el discurso escatológico de Jesús; Jesús y el reino de Dios exigen una respuesta apresurada que no se distraiga con pequeñeces materiales. El que había sido ciego, al final del relato, se convierte en discípulo de Jesús y "le seguía por el camino".

Jesús, al contrario de los hijos de Zebedeo, que pidieron a Jesús que les hiciera lo que ellos querían, le pregunta al ciego: "¿Qué quieres que te haga? Jesús se pone al servicio del ciego y de todos los necesitados que ponen en él su confianza. Del mismo modo deberán obrar sus discípulos cuando, recobrando la vista, dejen de ser ciegos. En un sentido simbólico, un ciego que no ha visto la luz del día es un "no nacido", ya que no ha sido "dado a luz". El cristiano verdaderamente nace y es dado a luz cuando descubre su vocación de servir a los necesitados como lo hizo Jesús.

Este domingo podemos recomendar a los fieles la repetición frecuente de la llamada "Oración de Jesús" (The Jesus Prayer): " Jesús, Hijo de David, ten compasión de mí," que es tan popular en círculos de oración y que tiene gran eficacia atestiguada desde los primeros siglos de la Iglesia. La Oración de Jesús es efectiva; produce resultados porque Jesús es accesible, atento y capaz de auxiliarnos.

De este evangelio también aprendemos la importancia de llevar nuestros problemas y nuestras necesidades a Jesús por medio de la oración. La mayoría de los médicos creen que las oraciones de los amigos ayudan a los pacientes a recuperarse mejor. Nosotros llevamos nuestras necesidades a Jesús porque sabemos que estamos rodeados de amor: el amor de Dios, de nuestra familia, y de nuestros amigos. A veces, hace falta un momento de crisis para aprender a apreciar este amor que nos rodea.

31 DOMINGO ORDINARIO

Tema: El amor es lo único que cuenta

Lecturas: Deuteronomio 6, 2-6; hebreos 7, 23-28; Marcos 12, 28-34

El evangelio trata del tema del amor. conocido de sobra. Los escribas judíos habían contado 631 mandamientos a lo largo del antiguo testamento, y disputaban sobre su relativa importancia. Nosotros ahora, aunque afirmamos la primacía del amor, a veces disputamos sobre cual es la virtud más importante. Algunos judíos, como hoy los Adventistas del Séptimo Día y algunos grupos evangélicos, decían que el descanso sabático era el mandamiento más importante, ya que Dios mismo lo había observado al final de la creación.

Jesús había proclamado repetidamente, con sus obras, que el amor - sanar a ciegos y enfermos, recibir y aceptar a los pobres y a los pecadores - era más importante que guardar el descanso del sábado. Jesús, en su respuesta, une los dos preceptos de amor del antiguo testamento: el amor puede ser visto como una cruz que tiene dos brazos, uno vertical que es el amor a Dios, y otro horizontal que es el amor al prójimo. Si falta uno de esos dos brazos, la cruz, y el amor, deja de existir. Un amor a Dios no puede ser verdadero si no incluye también el amor al prójimo.

Los dos preceptos del amor han sido a veces comparados a las dos caras de una misma moneda que forman parte de un todo, de manera que una cara no puede existir sin la otra. También ha sido comparado el amor a dos alas que se necesitan para volar, o a las dos piernas que necesitamos para andar. Un proverbio judío recordaba que *"no puedes amar a Dios sin amar primero al hombre"*. El amar solamente a Dios es pura ilusión si no resulta en un amor al prójimo, y el amor al prójimo sin referencia a Dios resulta en un humanismo que tarde o temprano se apaga. Dios es amor, y en Jesús se reveló como amor hasta la muerte, y como ideal del amor que deben tener los cristianos.

Los cristianos debemos entrenarnos en la práctica del amor de tal manera que lleguemos a *amar casi como por instinto*. Nuestra reacción inmediata ante las situaciones conflictivas deberá siempre ser guiada por el amor. El amor a Dios y al prójimo incluye acciones cristianas bien marcadas por los verbos asociados con el amor: *conocer, reconocer, acompañar, recordar, alabar, escuchar, obedecer, complacer, respetar, ayudar, hacer el bien, estimular, corregir, perdonar, y expresar verbalmente el amor.*

"Haz el bien, sin mirar a quien", dice un refrán popular que expresa bien la dimensión cristiana del amor. El amor se manifiesta, ante todo, con obras: *"Obras son amores, y no buenas razones"*; *"el amor y la fe, en las obras se ve"*; *"haz a otros lo que quisieras que te hagan a ti"*. El cristiano tiene que amar porque Dios se lo pide; porque Él es amor y nos amó primero. Sobre todo, estamos llamados a amar para poder ser de verdad hijos de nuestro Padre, para conocerle y para tener Vida. Amamos porque creemos.

Jesús nos pide *"amar al prójimo como a sí mismo"*. Es importante enseñarnos unos a otros cómo amarnos a nosotros mismos para poder amar mejor a los demás. Hay personas que llegan a odiarse a sí mismas porque a lo largo de su vida han experimentado demasiado el rechazo y hasta insultos. El amor cristiano debe comenzar en el seno de la familia que debería ser *"un nido de amor"*, donde los miembros se aprecian y respetan mutuamente a pesar de sus defectos y limitaciones. Es importante que los hijos, especialmente en su niñez y juventud, reciban afirmación de los suyos, ya que en la escuela y en la sociedad, a veces, los preparan para odiarse a sí mismos por medio de diferentes formas de discriminación. Es importante en la famila afirmar las buenas cualidades y talentos de los hijos, recordándoles que aunque sólo uno toque la trompeta, otros pueden tocar la flauta o el violín . . . Además, si la sociedad debe ser un conjunto armonioso, hay que recordar que una armonía polifónica se forma cuando hay voces y tonos diferentes que suenan juntos.

32 DOMINGO ORDINARIO

Tema: Dar y darse—La generosidad del pobre

Lecturas: primer libro de los Reyes 17, 10-16; hebreos 9, 24-28; Marcos 12, 38-44 o bien 12, 41-44

El evangelio de este domingo comienza atacando la ostentación, soberbia e hipocresía de los escribas y maestros judíos, y acaba alabando el desprendimiento y la generosidad de una humilde y pobre viuda. Los ricos, y los escribas, hacían ostentación de sus riquezas y gustaban de figurar entre la gente. También hacían donaciones al templo de lo que les sobraba y de lo que robaban precisamente a las viudas. Buscaban llamar la atención de la gente sobre su generosidad y su amor o respeto a Dios. Jesús no se dejaba engañar por las apariencias, y llamó la atención sobre la donación de una pobre viuda.

La narración de óbolo de la viuda es posiblemente una parábola en forma de historia. Jesús recurre a la hipérbole, a la exageración, al decir que la viuda "dio más que todos". Jesús quería subrayar que la disposición religiosa de aquella pobre viuda era muy superior a la de los ricos escribas y fariseos. Estos daban de lo que les sobraba, movidos por su orgullo. La mujer dio de lo que le era necesario, sin quedarse con nada, dándonos un ejemplo a nosotros que al dar, muchas veces, tenemos muy en cuenta cuánto nos queda, y damos a Dios realmente de lo que nos sobra.

A los ojos de Dios, aquella pobre viuda era la persona más grande, aunque no lo pareciera, ya que la gente se fijaba solamente en las apariencias y en lo que se veía externamente, mientras que Dios, como Jesús, se fijaba en lo que había en el corazón de los donantes. La mujer, al darlo todo, estaba dando de algún modo su propia vida; esta era la mejor forma de mostrar cuán grande era su fe y amor a Dios.

Los ojos del mundo se fijan en la cantidad de lo que las personas dan, mientras que Dios aprecia la calidad del don y del donante. Lo más básico no es el dar sino el darse. No solamente debemos dar dinero, cosa que puede ser relativamente fácil cuando el egoísmo no es desmesurado, sino que hay que dar también compañia, consuelo, apoyo, atenciones, tiempo, sonrisas, reconocimiento, miradas de afecto, y todo lo que nos sugieren las obras de misericordia, tanto corporales como espirituales.

Al dar, conviene recordar los consejos que nos da la Sagrada Escritura: El que da poco con una sonrisa, da más que el que da mucho con mala cara; Dios ama al que da con alegría; quien da más el es que da con más amor. Dios es el ejemplo que debe inspirar y guiar nuestra generosidad. Tanto amó Dios al mundo que nos dio a su propio Hijo para ofrecerse en sacrificio por nuestros pecados. Nosotros debemos dar a los demás por lo menos el amor y la oración. La oración por los pobres es algo muy positivo, ya que suele ser sincera y profunda; pero esa oración no debe quedarse solamente en palabras, ya que debe encontrar modos de expresarse también en obras, por medio de ayuda material. En la Eucaristía, en la misa, Cristo se nos da totalmente en la Comunión, y nos recuerda cómo se dio en su sacrificio por nuestra salvación. Cristo nos inspira y anima a darnos también nosotros como él lo hizo.

Ya en el antiguo testamento los pobres solían ser mucho más generosos que los ricos. En la primera lectura de este domingo se nos presenta la generosidad de una viuda, símbolo de pobreza, debilidad, desamparo y generosidad. Aquella viuda, al dar lo poco que tenía en su casa, arriesgaba su vida y la de su hijo, comprometiendo su futuro; se ponía totalmente en manos de Dios. El Señor la recompensó, porque "la limosna no empobrece, sino que enriquece" a quien la da. Dios promete dar con abundancia a quien dé de lo poco que pueda tener.

33 DOMINGO ORDINARIO

Tema: el tiempo final

Lecturas: Daniel 12, 1-3; hebreos 10, 11-14. 18; Marcos 13, 24-32

El evangelio de este domingo está tomado del discurso escatológico de Jesús, el capítulo más difícil de evangelio de san Marcos. Al acercarnos al final del año litúrgico se nos habla sobre "el fin del mundo" o del final y la finalidad de la historia. Toda la historia está destinada a ser un camino y una preparación para la revelación y la gloria de Jesús.

La Iglesia nos invita hoy a poner énfasis sobre un aspecto positivo de las lecturas: "enviará a sus ángeles a congregar a los elegidos". "Entonces se salvarán todos los que están inscritos en el Libro de los Elegidos". No es fácil adivinar qué tenía en su mente el evangelista en este discurso. Probablemente san Marcos estaba dando en este discurso una interpretación teológica de la muerte de Jesús y del "final del mundo judío" con la destrucción de Jerusalén por los romanos. Los mundos pasan y se acaban, pero sólo Cristo permanece.

Jesús vino para que cuando se acaben y pasen los mundos, no pensemos que esta vida es el acabóse, sino que aun hay un futuro; que en todo momento, con Cristo, podemos crear un mundo nuevo, un nuevo cielo en nuestra vida. Continuamente caen o se desploman mundos culturales, políticos y económicos, como cayó el imperio y mundo griego, el mundo judío, el imperio romano y el mundo colonial español; también caen los mundos privados: por la muerte de un ser querido, una enfermedad, la infidelidad de un esposo, ruina económica, reputación arruinada, etc. Cristo vino para que cuando se nos acaben esos mundos humanos nos salvemos, ayudándonos a poner las cosas en perspectiva de la eternidad y del amor de Dios. Cuando se nos acaba un mundo, tenemos a mano un momento de gracia para centrarnos en Jesús, el Hijo del Hombre, que está cerca para salvarnos.

Desde que Cristo vino y subió a la cruz, estamos en el tiempo final y definitivo; allí se decidió el pasado y el futuro; desde entonces todo los llama a un futuro nuevo. En las obras clásicas de la literatura española se nos habla de "El Gran Teatro del Mundo" en el cual todos somos actores que libremente improvisamos nuestras lineas y acciones; cuando se acaba nuestra función de teatro, con la muerte de cada uno, pasamos a recibir los premios que el amor de Dios nos tiene preparados. Hay que vivir con los ojos puestos en Jesús que nos amó, sin olvidar los desafíos que nos rodean, con la esperanza de estar para siempre con Jesús en la gloria.

Es importante tomar nota de la manera de hablar del evangelista que emplea el estilo llamado apocalíptico que era común en escritores judíos de su tiempo. En el libro del Apocalipsis, modelo de este estilo, leemos sobre visiones, revelaciones, sucesos portentosos, para dar confianza a los fieles de que la historia está en las manos de Dios quien va a venir a salvar a sus fieles. Estos textos no tienen por fin el asustar a los lectores sino el llamarlos a la confianza en Dios y a la perseverancia. Dios ama a los suyos y no va a permitir que perezcan, aunque tengan que sufrir en esta vida.

FIESTA DE CRISTO REY

Tema: Cristo es nuestro Rey

Lecturas: Daniel 7, 13-14; Apocalipsis 1, 5-8; Juan 18, 33-37

En el evangelio de esta fiesta, Jesús, ante el gobernador romano Pilato, se declara rey, palabra que tenía un significado muy diferente a los oídos del gobernador del que tenía en labios de Jesús. Jesús no es un rey político como los que existían en el mundo de entonces. Jesús es un Rey-Maestro que en lugar de tener súbditos tiene discípulos que libremente escuchan y obedecen su voz.

Jesús había dicho a los fariseos que él no era de este mundo, porque Jesús no se guiaba ni adaptaba a los criterios de este mundo. Jesús se guiaba en todo por la voluntad del Padre celestial. Jesús declaró que su reino no es de este mundo, aunque su reino está ya en este mundo. El reino de Jesús no tiene un territorio determinado, ya que debe abarcar a todas las naciones y a todos los pueblos. El reino de Jesús solamente tiene una ley fundamental, la del amor, siguiendo el ejemplo de amor de Jesús que se sacrificó por nosotros.

Pilato vio que el reino de Jesús no era una amenaza para el poder del emperador romano. Hasta ahora, el reinado de Cristo no es una amenaza para los poderes humanos, aunque está destinado a transformarlos. El poder de Jesús se manifiesta en el servicio y en el sacrificio. Todo poder humano está llamado a reflejar estos valores; pero, por desgracia, los poderes humanos se convierten en medios de opresión, egoísmo y orgullo.

En el prefacio de la misa de esta fiesta se nos dice que el reino de Cristo es un reino de verdad, justicia, paz, vida, amor, gracia y santidad. Cuando estos valores reinan en nuestro mundo, o por lo menos en la Iglesia de Jesús, entonces Jesús efectivamente reina sobre nosotros. En el Padre Nuestro Jesús nos enseñó a rezar para que "venga a nosotros el reino" de Dios. Esta es una tarea que se convierte en misión para los cristianos. El reino de Dios va viniendo en la medida en que trabajamos para que "se haga su voluntad" en nosotros y en nuestra sociedad.

San Juan nos recuerda que el reinado de Jesús comenzó en la cruz, en su pasión. El evangelista nos señala el día, la hora y el lugar cuando Pilato dijo "Ahí tienen a su rey". Sin saberlo, Pilato estaba haciendo un anuncio transcendental. Jesús reina desde un madero, e invita a los suyos a seguirle en el sacrificio y el amor.

Entre los pueblos hispanos, "Cristo Rey" ha sido siempre un título muy importante, ya que el reinado de Cristo nos da una nueva dignidad, a la vez que es una vocación para nosotros. El "Viva Cristo Rey" se sigue oyendo en muchas reuniones y grupos. Nuestro mayor orgullo no es el ser ciudadanos de una nación determinada sino el pertenecer a Cristo y el ser sus fieles discípulos. Con frecuencia se repite en los cánticos nuestro deseo de que reine Cristo entre nosotros, que "reine su corazón", su amor y sacrificio. Cuando uno lee las crónicas de la guerra civil española o visita en el centro de México el cerro del Cubilete, puede ver el fervor con el que el pueblo desea que Jesús sea reconocido como rey y Señor de nuestra sociedad. Nuestra gente canta con gozo desbordado: "Tú reinarás, este es el grito . . .", "Corazón santo, Tú reinarás . . .", "Anunciaremos tu reino, Señor." Pero Cristo no impone su reinado con fuerza o violencia, sino con el amor y el perdón. Nosotros estamos llamados a propagar su reino de la misma manera.

LA INMACULADA CONCEPCION
DE LA SANTISIMA VIRGEN MARIA

Tema: La santidad de María—María en la vida del cristiano

Lecturas: Génesis 3, 9-15. 20; Efesios 1, 3-6. 11-12; Lucas 1, 26-38

La fiesta de la Inmaculada Concepción celebra la santidad de María, quien, desde su concepción hasta su muerte, fue "llena de gracia", de tal manera que el pecado no tuvo cabida en ella. En la Colecta de la misa de hoy rezamos para que nosotros, por lo menos en el momento de nuestra muerte, tengamos la dicha de estar inmaculados, limpios de todo pecado.

En los Estados Unidos, esta fiesta es muy especial, ya que la Inmaculada Concepción fue declarada patrona de la nación por los obispos y por la Santa Sede. La Basílica de la Inmaculada Concepción en la ciudad de Washington D.C., es un testimonio de la fe y el amor de este país a la Inmaculada Concepción.

Entre los pueblos hispanos la Inmaculada, junto con la Asunción, ha sido una fiesta de mucha historia y cultura. El cuadro de la Inmaculada, pintado por Murillo, con su gran manto azul y rodeada de ángeles, con las manos juntas en oración, revela la pureza de María con juventud, lozanía y alegría; así la han visto los hispanos siempre en esta fiesta. Los nicaragüenses la aclaman como su patrona en este día con su "gritería": "¿Quién causa nuestra alegría?—¡La Concepción de María!"

La Inmaculada, es María que vence a la serpiente y aplasta su cabeza, como ya lo fue anunciado a Adán y Eva en el paraíso después del primer pecado. María ha vencido al demonio por su comunión con Cristo, ya que el privilegio de la Inmaculada Concepción, según nos lo enseña la Iglesia, le fue concedido en consideración y previsión de los méritos del sacrificio de Cristo. María Inmaculada se apareció en Lourdes, hace ciento cincuenta años. Muchos vieron esa aparición como una respuesta de gracia a la proclamación del dogma de la Inmaculada Concepción cuatro años antes por el papa Pío Nono. Allí, en Lourdes, millones de peregrinos de todo el mundo pueden ver que María continúa revelándose como la vencedora del demonio, y que conquista los efectos del pecado, las enfermedades y la muerte.

La fiesta de la Inmaculada Concepción podría llamarse bien la fiesta del "Ave María," porque cada frase de esta oración contiene una referencia a esta fiesta: María Inmaculada es la "llena de gracia" que desde el principio venció al pecado que se opone a la gracia; María es la que tuvo al Señor siempre consigo de tal modo que el demonio no pudo triunfar en ella; fue "bendita entre todas las mujeres" siendo la única que obtuvo la victoria total contra la serpiente; en el día de la Inmaculada Concepción, fiesta en el centro del Adviento, recordamos también al "fruto bendito de su vientre" que María nos trae en Navidad. En el Ave María rezamos también para que a nosotros pecadores en la hora de nuestra muerte, María nos acompañe con su intercesión para que podamos estar libres del pecado, como ella lo estuvo desde el principio, desde su Concepción Inmaculada.

NUESTRA SEÑORA DE GUADALUPE

Tema: La Madre que visitó a sus hijos

Lecturas: Zacarías 2, 14-17 o bien Apocalipsis 11, 19; 12. 1-6, 10; Lucas 1, 39-47

La narración de las apariciones de la Virgen de Guadalupe, según se encuentra en el antiguo documento del Nicán Mopúa, está llena de poesía, con una teología tan sublime como sencilla. Los valores del evangelio aparecen en cada página del relato.

Juan Diego, ahora San Juan Diego, es llamado por la Virgen "el más pequeño de mis hijos," porque María, como Dios, escoge y ensalza a los pequeños y humildes para confundir a los grandes y orgullosos. María podía haber escogido a una persona más educada que el indio sencillo, o a una persona de buena posición social, pero María sabe muy bien lo que Dios hace con los humildes y sencillos, como ella lo sabía por experiencia propia.

Juan Diego no se dejó deslumbrar por la aparición; siguió tan humilde como antes, porque no deseaba ni aspiraba a glorias y reconocimiento humanos. Por ello, Juan Diego le pedía a la virgen que escogiera y enviara en su lugar a otra persona mejor preparada o más digna que él.

En todos los diálogos de Juan Diego con la Virgen, puede apreciarse cómo Juan Diego trata a María con una confianza, familiaridad y ternura que solamente los pobres y sencillos conocen. La aparición no lo asusta porque sabe desde el principio que la que le está hablando es su Madre.

Juan Diego es siempre "el indio Juan Diego," símbolo del pobre indio mejicano que acababa de ser aplastado por una larga guerra de conquista sanguinaria; María venía a levantar del polvo a los aplastados y a convertirlos en agentes de la historia de su pueblo, ya que es la consoladora de los afligidos. Hay algunos autores que no se resignan a aceptar el hecho de que María, como Dios, escoge a una persona humilde para sus planes; quieren hacer de Juan Diego un pariente del emperador azteca, sin niguna prueba histórica; María, como Dios lo había estado haciendo desde siempre, no escoge a los poderosos sino a los humildes y sencillos.

Juan Diego era uno de los primeros indios que habían abrazado la fe católica hasta entonces; era uno de los que habían respondido al Señor desde el principio; por eso Juan Diego tenía por costumbre el ir cada día a la iglesia de Santiago en Tlatelolco para oír misa y recibir más instrucción sobre su nueva fe. Las crónicas nos cuentan que después de la aparición de la Virgen de Guadalupe, en cuestión de diez años, todo el pueblo mexicano abrazó la fe cristiana. Por ello, la Virgen de Guadalupe es llamada la Evangelizadora de las Américas.

Juan Diego era un hombre muy de familia; en medio de la grandeza de las apariciones no piensa en sí mismo, sino que piensa en su tío Bernardino enfermo que necesitaba ayuda espiritual y física. La Virgen de Guadalupe, en lo que se llama la Quinta Aparición, sanó a Bernardino. Casi no se sabe nada de la vida de Juan Diego después de la aparición de la Virgen. El nunca se consideró el centro de las atenciones de la gente ni hizo propaganda de sí mismo. El se limitó a ser apóstol y mensajero de la Virgen para llevar a su pueblo a Jesús.

SAN JOSÉ
ESPOSO DE LA SANTÍSIMA VIRGEN MARÍA

Tema: Patrón de la iglesia Universal

Lecturas: segundo Samuel 7, 4-5. 12-14. 16; Romanos
4, 13. 16-18. 22; Mateo 1, 16. 18-21. 24 o bien 2, 41-51

El Beato Papa Pío IX declaró a San José patrono de la iglesia Universal, ya que él, que tuvo a su cuidado la familia de Dios en la tierra: la Sagrada Familia, puede muy bien seguir teniendo bajo su intercesión a la Iglesia Católica que sigue siendo la familia de Dios en la tierra a lo largo de los siglos.

San José es además el patrón e intercesor para obtener una buena y santa muerte. San José tuvo la dicha de morir asistido por la presencia y las oraciones de Jesús y María. Los católicos oramos para que en la hora de nuestra muerte también nos asistan Jesús, José y María.

San José es presentado en las lecturas de la liturgia como gran modelo de múltiples virtudes: Es presentado como el "varón justo," amante de su esposa a la que no quiere causar problemas. Es modelo de obediencia que sigue las indicaciones del ángel con diligencia y sin reparos. Es también modelo de sencillez y humildad, a pesar de que tuvo el privilegio de transmitir a Jesús el título legal de "Hijo de David," título que en el resto del evangelio está reservado a Jesús.

La Iglesia ve también en San José al carpintero de Nazaret, el trabajador humilde y honrado que tuvo la misión, junto con María, de proteger, cuidar y educar a Jesús en este mundo. Hay muchos indicios en los evangelios que parecen reflejar las enseñanzas que San José compartió con Jesús. Hay que tener presente que el oficio de carpintero era una profesión ambulante. San José no tenía una carpintería en Nazaret. Lo común era que un carpintero tuviera a su cuidado varios pueblos que recorría regularmente y en los que la gente le podía pedir que arreglara mesas, sillas o bancos, según la necesidad; una sierra, unos clavos y varias tablas eran los instrumentos que tenía a mano. Jesús debió acompañar a San José en su circuito por los pueblos, teniendo tiempo para dialogar e ir aprendiendo la profesión y la sabiduría de su padre.

Jesús aprendió de San José a ver la mano de Dios en la naturaleza que le rodeaba; la manera de ponerse el sol era indicio del tiempo que iba a hacer, pero invitaba a pensar en las señales de la venida del Reino de Dios. Podían admirar la belleza de las flores a las que Salomón no igualó en hermosura, y la alegría de los pájaros, viendo en ellos las señales de la providencia y del amor de Dios. Pudieron ver con frecuencia a los pescadores que sacaban las redes y seleccionaban los peces buenos y deshechaban los malos, llevándolos a pensar en la selección final que Dios hará en el juicio. Pudieron ver a los sembradores que sembraban la simiente desparramándola sobre toda clase de terrenos, con la consecuencia que eran de esperar. Muchas de las enseñanzas del evangelio reflejan situaciones del área alrededor del Mar de Galilea. La mujer que preparó la masa para tres panes pudo ser muy bien la Virgen María que preparaba el alimento semanal para la familia. Igualmente, la mujer que barrió diligentemente su casa hasta encontrar la moneda perdida pudo ser María para quien, en la pobreza de Nazaret, cada moneda tenía un valor exagerado. Las lecciones del evangelio están tomadas de la vida de San José acompañado por Jesús.

Jesús tuvo por maestros en este mundo a José y María, ya que Jesús fue en todo como nosotros menos en el pecado, Jesús fue aprendiendo de ellos a orar, a ver la mano de Dios en todo lo que les rodeaba; el ejemplo de sus vidas fue la mejor preparación de Jesús para su ministerio de salvación.

Mañana comienza la Semana Santa, el tiempo en que nos identificamos más cercanamente con Jesús y el Misterio de la Salvación, su muerte y resurrección. Que la intercesión de San José nos ayude a vivir este misterio con la fe y sencillez que guiaron la vida de San José.

LA ANUNCIACION DEL SEÑOR

Tema: La Palabra se hizo carne

Lecturas: Isaías 7, 10-14; Hebreos 10, 4-10; 1, 26-38

La Iglesia celebra hoy una doble fiesta: una fiesta del Señor y una fiesta de María. Hoy celebramos la Encarnación del Hijo de Dios y la fiesta de la Anunciación de la Virgen María. Es la Fiesta de la venida de la Palabra al mundo y del primer gran recibimiento que le dio María por medio de su fe a las palabras del ángel.

Hoy es la fiesta de la grandeza y humildad del Amor de Dios al encarnarse, y la fiesta de la humildad y grandeza de María al abrirse sin reservas a los planes de Dios para ella.

En su gran misericordia, Dios quiso venir personalmente a salvarnos de nuestros pecados, de nuestra malicia, de nosotros mismos. En el antiguo testamento, Dios había enviado profetas y santos para convertir a su pueblo; sus mensajeros habían sido rechazados. Por ello, Dios decidió tomar una medida extrema al venir personalmente para mover y ganarse los corazones de las personas. María, en este día, dio su primer gran "Sí" a Dios; nosotros seguimos sus pasos y ejemplo abriendo nuestros corazones a Jesús.

Dios escogió a María para su plan de salvación; era una joven doncella, una virgen, que al decir sí a Dios y ponerse en sus manos, solamente deseaba cumplir y llevar a cabo los planes de Dios para su pueblo. Ella no sabía las dificultades y problemas que iban a presentarse, pero su fe en Dios le iba a ayudar a vencer todos los obstáculos.

El ángel le hizo a María una doble promesa: que su hijo iba a ser Hijo de David, heredero de su trono, y que además iba a ser Hijo de Dios por el poder del Espíritu Santo. Ante la grandeza de tal anuncio, María no se llena de ambición, orgullo o soberbia. Al contrario, ella se ve como una humilde esclava y sierva obediente a los planes de Dios para ella y para la humanidad.

En su cántico de alegría, el Magnificat, María se identifica y asocia con los pobres y humildes, con los que sabían por experiencia que sólo de Dios podía venir una respuesta y solución para los problemas y necesidades de nuestro mundo dominado por el orgullo de los poderosos.

Esta fiesta nos anuncia hoy a nosotros ese amor infinito que Dios nos tiene. Nos anuncia la protección e intercesión de María. Desde esta fiesta podemos mirar al futuro con esperanza, porque el Hijo de Dios está ya con nosotros. Esperemos que de aquí a nueve meses podremos colmar nuestra fe y esperanza, celebrando la presencia de Jesús en medio de nosotros el día de Navidad.

LA NATIVIDAD DE SAN JUAN BAUTISTA

Tema: El mayor entre los nacidos de mujer

Lecturas:

VIGILIA: Jeremías 1, 4-10; primera Pedro 1, 8-12; Lucas 1, 5-17

DÍA: Isaías 49, 1-6; Hechos de los Apóstoles 13, 22-26; Lucas 1, 57-66. 80

San Juan Bautista ha sido siempre una figura muy simpática en la religiosidad hispana. Para los puertorriqueños esta fiesta tiene un significado especial por ser el patrón de la ciudad de san Juan, su capital; filipinos y latinoamericanos se dedican a "bautizar" y remojar alegremente a las personas en este día, ya que como dice el refrán, "en el día de san Juan, toda agua es Jordán." En Europa había la costumbre de las hogueras de San Juan, porque la fiesta de san Juan anunciaba la llegada del verano. Este día nos encontramos a seis meses del día de Navidad.

La Iglesia celebra hoy el nacimiento de san Juan Bautista. El día 29 de septiembre celebramos su martirio y muerte. La Iglesia celebra tres natalicios de personas; el de Jesús el día de navidad; el de María el ocho de septiembre, y el de san Juan en este día. Las celebraciones se refieren a personas que fueron santificadas o santas desde antes de nacer. De los demás santos, la Iglesia suele celebrar su muerte que solía llamarse "el nacimiento para el cielo."

San Juan Bautista fue grande desde antes de nacer. Ya en el vientre de su madre, saltó de gozo al sentir la presencia de Jesús en el seno de María. Esa alegría de san Juan llegó a su colmo cuando oyó y vió que a través de su predicación y testimonio, la gente se iba en pos de Jesús. Juan Bautista fue modelo de alegría espiritual porque no buscaba nada para sí mismo; solamente buscaba la gloria de Jesús.

Juan Bautista, aunque era pariente de Jesús, tuvo que aprender a REconocer a su primo. Tuvo que mirarlo con nuevos ojos. Juan Bautista había predicado en línea con el Antiguo Testamento, como lo habían hecho los profetas, sobre la severidad y el juicio de Dios que se acercaba. Juan Bautista se sorprendió al oír y ver el ministerio de Jesús, todo lleno de milagros, y sobre todo lleno de compasión y de perdón. Por ello, Juan Bautista envió dos de sus discípulos a entrevistar a Jesús, y a preguntarle sobre su misión e identidad.

San Juan Bautista, desde su nacimiento, tenía un futuro fácil y seguro, humanamente hablando. Era hijo de un sacerdote judío y podía mirar a su futuro como sacerdote en la seguridad y la protección del templo de Jerusalén. Pero san Juan, ya desde su juventud renunció a todas las ventajas de su nacimiento. El evangelio nos dice que Juan vivió en el desierto hasta su revelación a Israel. El desierto, en términos bíblicos, es el lugar donde no hay personas que te puedan distraer. Allí uno solamente puede conversar con Dios. Es un lugar de oración y de aprendizaje. San Pablo, después de su conversión, estuvo dos años en el desierto; allí recibió las enseñanzas supernaturales sobre Jesús.

Juan Bautista es una figura muy simpática que recibe gran variedad de títulos en la liturgia y en la biblia: Es el Precursor del Señor; el mayor entre los nacidos de mujer; el último de los profetas del Antiguo Testamento; el nuevo Elías; el Bautista; el Amigo del Novio; la Voz del que clama en el desierto. Juan Bautista se distinguió por muchas virtudes: austeridad, valentía, fortaleza, disciplina, y humildad. Para los cristianos, Juan Bautista es la persona que no buscó nada para sí mismo, y lo buscó todo para Jesús. Por eso fue la persona más feliz que ha vivido en este mundo.

FIESTA DE SAN PEDRO Y SAN PABLO

Tema: Tu eres Pedro, piedra.

Lecturas:
VIGILIA: Hechos de los Apóstoles 3, 1-10; Gálatas 1, 11-20; Juan 21, 15-19

DÍA: Hechos de los Apóstoles 12, 1-11; segunda Timoteo 4, 6-8. 17-18; Mateo 16, 13-19

Hoy leemos en el evangelio la profesión de fe de san Pedro, texto que en esta fiesta tiene importancia especial para la Iglesia Católica que se reune en torno al sucesor de san Pedro, el Romano Pontífice. En el evangelio de san Mateo, Pedro parece responder en nombre de los demás discípulos por inspiración especial de Dios. En san Marcos, a Pedro se le abren los ojos cuando Jesús abre los ojos del ciego de Betsaida (Pedro era precisamente de Betsaida), y pasa a proclamar su fe personal en Jesús. Pedro fue el primer portavoz de la Iglesia naciente y lo sigue siendo hasta ahora. Pedro continúa hablando a través de los Papas que son Vicarios de Pedro.

La gente miraba a Jesús como alguien en continuidad con el pasado, como si estuviera en línea o al mismo nivel que los grandes personajes del antiguo testamento. Pero Jesús era algo nuevo e inesperado que sólo por revelación especial del Padre podía ser conocido: Jesús era el Hijo del Dios Vivo que había venido a convivir con nosotros para llevarnos al Padre y salvarnos.

Pedro respondió a Jesús guiado por una inspiración de Dios Padre. La iglesia católica a través de los siglos, ha creído y cree que Pedro sigue viviendo y hablando en sus sucesores, los Papas, y hasta cree que también estos tienen en ciertos casos una inspiración especial de Dios. Eso es lo que profesamos al hablar de la infalibilidad del Papa.

Jesús le cambió el nombre a Simón hijo de Juan, llamándolo Pedro o Céfas o "Piedra," indicando la nueva personalidad y firmeza que Pedro iba a tener en la Iglesia. El dar nombre o cambiar el nombre a una persona en la biblia era, ante todo, señal del poder que se ejercía sobre esa persona; los padres daban el nombre a sus hijos; un rey o una persona importante podía imponer un nombre nuevo a uno de sus siervos a quien quería distinguir (Cf. Gen 41:45). Jesús, al darle un nombre nuevo a Simón, estaba tomando posesión de Pedro y dándole una misión en la Iglesia a través de la imposición de aquel nombre.

Pedro había sido un hombre de emociones fuertes, valiente o cobarde según las circunstancias, pronto a hablar y a equivocarse. Pedro iba a ser transformado radicalmente por Jesús haciéndolo en todo semejante al Maestro que era la Piedra angular. La tradición nos dice que Pedro murió, como su Maestro, en la cruz.

Jesús entrega a Pedro las llaves del Reino de los Cielos, haciéndolo mayordomo de su Iglesia, con plenos poderes administrativos. La Iglesia Católica ha creído siempre que los poderes y la misión que Jesús encomendó a Pedro y a sus discípulos siguen siendo efectivos hasta ahora, pues la Iglesia es y será siempre la misma. Pedro sigue dirigiendo la Iglesia desde Roma. Los Pedros de Roma han sido a veces como aquel primer Pedro, personas de emociones fuertes, pero que han sido fieles a Jesús y a su Iglesia. En este día los católicos de todo el mundo afirmamos nuestro apoyo al Santo Padre con nuestras oraciones y con una colecta especial que se ha llamado el "óbolo de san Pedro," y es enviada al Santo Padre en Roma.

San Pablo es el otro gran apóstol que edificó la iglesia de Roma. Predicador incansable, se encontró con san Pedro en dos ocasiones. En su primer encuentro estuvieron en profundo desacuerdo cuando san Pablo corrigió a san Pedro por su actitud equívoca con los judaizantes, cristianos que pretendían seguir obedeciendo las leyes y costumbres del antiguo testamento. En su segundo encuentro, en la cárcel Mamertina de Roma, los dos apóstoles estaban de acuerdo en que les había llegado la hora y el privilegio de dar su vida por Jesús.

Hoy Podemos Recordar la antigua leyenda recogida en la película "Quo Vadis": San Pedro en su edad avanzada, poco tiempo antes de su martirio en Roma, cuando durante la persecución de Nerón abandonaba la ciudad por la Via Apia, se encontró con el Señor que caminaba hacia Roma cargando la cruz. San Pedro le preguntó: "Quo Vadis"—¿A dónde vas, Señor? Jesús le respondió que iba a Roma "para ser crucificado de nuevo." San Pedro volvió animoso a la ciudad a encarar su destino.

LA ASUNCION DE LA VIRGEN MARIA

Tema: Comunión total y perfecta de María con Jesús

Lecturas:
VIGILIA: primer Crónicas 15, 3-4. 15-16; 16, 1-2; primera
Corintios 15, 54b-57; Lucas 11, 27-28;

DÍA: Apocalipsis 11, 19a; 12, 1-6a; primera Corintios 15, 20-27;
Lucas 1, 39-56

La fiesta de la Asunción de María celebra la comunión total y perfecta de María con su Hijo que comenzó aquí en la tierra y que llegó a su perfección después de su muerte o "Dormición." Hoy celebramos el triunfo definitivo de María. Los primeros cristianos designaron a esta fiesta con muchos títulos que indican lo que deseaban celebrar: natalis (nacimiento), dormitio (sueño), transitus (tránsito de este mundo al Padre), depositio (entierro de su cuerpo), assumptio (su asunción a la gloria celestial).

En la literatura cristiana de los primeros siglos hay muchos evangelios apócrifos asuncionistas. De ello no se puede concluir que la Asunción de María sea un hecho puramente legendario. Como lo señalan algunos biblistas de nota, esos apócrifos son considerados como reflejos genuinos, en sus rasgos fundamentales, de la tradición oral asuncionista, que arranca del mismo hecho histórico de la Asunción.

Ya desde el siglo cuarto los cristianos celebraban la santidad y la grandeza de María. Se creía que María había muerto el día de Navidad, de modo que el nacimiento humano de Jesús coincidía con el nacimiento para el cielo de María. En unos lugares la fiesta se celebraba en enero y en otros durante el verano, en agosto. Las fiestas de los santos se celebraban el día de su muerte o martirio, de su natalicio para el cielo. La fiesta de la Asunción celebraba la entrada en la gloria de la "Reina de todos los Santos." Durante muchos siglos el título más común de las iglesias dedicadas a la virgen era el de La Asunción, porque la fiesta de la Asunción de María es en cierto modo un reflejo de la fiesta de la Ascensión de Jesús a los cielos. Es el compatir final y total en la gloria de Jesús. La Asunción nos enseña hasta dónde llegó el plan de Dios de engrandecer a María, anunciado en el Magnificat. Jesús había "ascendido" y subido al cielo por su propia virtud; el cuerpo de María es llevado por los ángeles a la gloria de Dios.

La fiesta de la Asunción tiene un mensaje muy especial para nosotros. A donde María fue, iremos también nosotros. María es la primicia de los redimidos, la imagen de la Iglesia. Creemos que el mundo, gimiendo y llorando, camina hacia una transformación y glorificación que ya ha sucedido primero en María. La humilde, la sencilla, fue atraída por Dios. La Asunción de María tiene pues un mensaje de esperanza para nosotros.

La Asunción de María fue vista por los teólogos antiguos como la anticipación de la resurrección del cuerpo de aquella que no conoció el pecado, de La Inmaculada. El cuerpo de María no merecía la muerte y la corrupción, ya que nunca pecó; pero así como Jesús tampoco mereció la muerte pero sin embargo la aceptó para redimirnos, la "Dormición" o muerte de María tiene una dimensión de redención en asociación con la muerte de Jesús.

El Papa Pío Doce definió el dogma de la Asunción de María el día 1 de noviembre de 1950 con estas palabras: "Habiendo elevado nuestras asiduas oraciones a Dios, y habiendo invocado la asistencia del Espíritu de la Verdad; para la mayor gloria del Dios todopoderoso que derramó su gracia sobre María; para la mayor gloria de su Hijo, el rey inmortal de los siglos, vencedor del pecado y de la muerte; para la mayor gloria y exaltación de su Madre; para alegría y gozo de toda la Iglesia: Con la autoridad de Nuestro Señor Jesucristo y la de los bienaventurados apóstoles Pedro y Pablo, y con nuestra propia autoridad: Pronunciamos, declaramos y definimos, que es un dogma divinamente revelado que la inmaculada Madre de Dios, la siempre virgen María, terminado el curso de su vida terrena, fue llevada en cuerpo y alma a la gloria celestial."

LA EXALTACION DE LA SANTA CRUZ

Tema: El Hijo del Hombre tiene que ser elevado

Lecturas: Números 21, 4-9; Filipenses 2, 6-11; Juan 3, 13-17

El evangelio de esta fiesta está tomado del diálogo de Jesús con Nicodemo, el fariseo que vino de noche a entrevistar a Jesús, teniendo ya una fe incipiente que fue creciendo hasta que defendió a Jesús públicamente, y al final contribuyó a la sepultura digna del Señor. Jesús revela a Nicodemo el plan de amor que Dios tiene para el mundo: Tanto amo Dios al mundo que envió a su único Hijo para salvarlo. Ese plan pasa a través de la cruz. Hoy la Iglesia, con San Pablo, proclama que debemos gloriarnos en la cruz de nuestro Señor Jesucristo: en él está nuestra salvación, vida y resurrección; él nos ha salvado y liberado. El amor del Padre al mundo viene a través de canales sagrados. El Padre ha amado al Hijo. El Hijo ha amado a sus discípulos. Los discípulos deben amarse los unos a los otros y contagiar al mundo con su amor. Los cristianos, de una manera especial, estamos llamados a ser esos canales del amor de Dios al mundo.

El evangelista san Juan declara que la cruz de Jesús va a producir efectos milagrosos semejantes a los de la serpiente de bronce que Moisés levantó en el desierto. Dios envió serpientes para castigar la rebelión de Israel. Cuando el pueblo se arrepintió de su pecado, Dios ordenó a Moisés que levantara una serpiente de bronce sobre un madero, prometiendo que quien la mirara después de ser mordido por una serpiente quedaría sanado de su dolor. En línea con esto, al final del relato de la pasión, san Juan dice que en el plan de Dios, "mirarán al que traspasaron." Todo el mundo debe mirar a la imágen del crucificado. Los que miran con fe y responden a lo que el sacrificio de Jesús significa, reciben perdón y sanación. Los que no quieren mirar, se pierden. San Juan nos recuerda que el plan de Dios es que se salven todos. Dios ha hecho una inversión en la humanidad. Quiere que esta inversión produzca frutos o intereses positivos de salvación. Dios no quiere que nadie se pierda o se condene. Dios quiere salvación y vida eterna para todos. Nosotros tenemos el terrible privilegio de poder resistir a Dios.

La Fiesta de la Exaltación de la Santa Cruz celebra la victoria del emperador Heraclio, de Constantinopla, contra los persas el año

630; después de la victoria, los cristianos recobraron la reliquia de la Santa Cruz que había sido robada por los persas cuando conquistaron Jerusalén veinte años antes. Cuenta la leyenda que el emperador quiso devolver personalmente la cruz a su basílica de Jerusalén, llevándola sobre sus hombros. Sucedió un gran milagro: Cuando Heraclio marchaba por la calle llevando la cruz, al acercarse a la iglesia, sintió que una mano o fuerza invisible le impedía avanzar a pesar de sus esfuerzos; entonces el Patriarca de Jerusalén, Zacarías, le recordó que donde Jesús había llevado la cruz con humildad, el emperador no debía llevarla con tanta pompa; le aconsejó que se quitara las joyas y ropas lujosas; y así, vestido con traje humilde y con los pies descalzos, pudo avanzar hasta la basílica.

La veneración de la cruz entre los cristianos se remonta a los primeros siglos. Los cristianos pronto dejaron de construir sus iglesias en forma de basílica, rectangular, para darles la forma de cruz, de manera que la forma misma del edificio de la iglesia recordara a los fieles el sacrificio de Jesús en la cruz. Esta fiesta de la Exaltación de la Santa Cruz, en la Iglesia antigua, solía marcar el final del verano y el comienzo de la época invernal. Comenzaba un tiempo de oración nocturna más prolongada y de más disciplina personal. En términos de hoy, diríamos que han terminado las vacaciones de verano, hemos comenzado un año escolar, catequético y fiscal nuevo, y debemos darnos al trabajo con diligencia y entusiasmo. El sacrificio de Jesús en la cruz debe ser reconocido y celebrado por todo el mundo, ya que de él nos ha venido la salvación.

La veneración de la cruz, junto con muchos abusos se da mucho en nuestros días. Muchos cristianos llevan un crucifijo, como una medalla, colgado al cuello, como recuerdo del amor de Jesús a nosotros y de nuestro amor hacia él. Pero para algunas personas, la cruz se ha vuelto en una joya, a veces con oro y piedras preciosas, para ostentar riqueza o gusto artístico, casi sin niguna referencia al amor y sacrificio de Jesús. Esto es una pena. La cruz debe ser siempre algo sagrado para todo cristiano.

FIESTA DE LA DEDICACION DE LA BASILICA DE SAN JUAN DE LETRAN EN ROMA

Tema: Nuestra comunión con el Papa

Lecturas: Ezequiel 47, 1-2. 8-9. 12; primera Corintios 3, 9-11. 16-17; Juan 2, 13-22

La Iglesia Católica celebra hoy la fiesta de "La Madre y Cabeza de todas las iglesias de Roma y del mundo," el aniversario de la dedicación de la catedral del Papa, de la fuente del agua de doctrina que riega y fecunda toda la iglesia (2a lectura). El evangelio nos cuenta la purificación del templo por Jesús, que nos desafía a purificar la Iglesia en todo tiempo, puesto que ella es el Templo y Cuerpo Místico de Cristo.

La fiesta de hoy, de algún modo, celebra el triunfo de la iglesia sobre las persecuciones del imperio romano. Según una tradición antigua, el primer emperador romano que abrazó la fe católica, Constantino el Grande, regaló a la iglesia su palacio de Letrán que fue convertido en Basílica cristiana. La Basílica de Letrán, la catedral de Roma y del Papa, es símbolo de la unidad y la perennidad de la Iglesia Católica. La promesa de Jesús a San Pedro, de que las puertas del infierno no prevalecerían contra su Iglesia, se veía cumplida después de dos siglos y medio de persecuciones, y de millares de mártires gloriosos.

Los católicos celebramos hoy la fiesta de la autoridad docente del Sumo Pontífice, y nuestra comunión con el Vicario de Pedro. La Iglesia Católica ha creído, y cree, que Pedro sigue viviendo y hablando por boca de sus sucesores, los Papas. Varias veces, en la historia de la iglesia, los obispos católicos, reunidos en concilio, llamaron a la palabra del Papa, palabra de Pedro. Los católicos creemos que el Papa tiene en ciertos casos una inspiración providencial de Dios; éso es lo que profesamos a hablar de la infalibilidad del Papa que fue oficialmente proclamada como doctrina de fe en el Primer Concilio Vaticano, en 1870 A.D.

Los judíos creían que el Sumo Sacerdote del antiguo testamento, en algunos casos, especiales podía profetizar, o hablar inspirado por Dios, como lo hizo Caifás al declarar que Jesús moriría para que el pueblo no pereciera. Los católicos creemos que el Sumo

Sacerdote de la Iglesia del nuevo testamento no es menos que el Sumo Sacerdote antiguo, y goza de un privilegio semejante, y que en algunos casos especiales nos puede hablar en nombre de Dios.

La fiesta de este día, más que la celebración del aniversario de la construcción de un templo material, es un signo externo del algo más profundo y espiritual que celebramos. La Iglesia, la comunidad cristiana, es un templo construido con piedras vivas, con la fe de los creyentes. Así como las piedras materiales de una iglesia se colocan y acoplan unidas para mantener la solidez del edificio, a un nivel de fe, nuestra unidad en la fe, bajo la dirección y la enseñanza del Vicario de Pedro. Es lo que con la promesa y protección de Jesús va a hacer que la Iglesia permanezca firme a lo largo de los siglos, porque las puertas del infierno no prevalecerán contra ella.

FIESTA DE TODOS LOS SANTOS

Tema: Todos estamos llamados a la santidad

Lecturas: Apocalipsis 7, 2-4. 9-14; primera carta san Juan 3, 1-3; Mateo 5, 1-12

La Iglesia, desde tiempos muy antiguos, ha celebrado una fiesta en honor de los innumerables santos que han vivido en su seno. En muchos lugares se celebraba la fiesta de los santos mártires que murieron en sus áreas; sin embargo, había muchos santos que no eran conocidos fuera del área en que vivieron pero que merecían el honor de toda la Iglesia. Hoy, podría decirse, honramos a los innumerables santos que no están incluídos en el calendario litúrgico.

La Iglesia honra a los santos, sus hijos porque fueron héroes de la fe que ya han recibido el premio de su fidelidad al Señor. Estos santos son nuestros hermanos en la fe, que viven en la gloria en comunión con nosotros, nos animan con su ejemplo, y nos ayudan con su intercesión. Los santos son los amigos con los que conviviremos por toda la eternidad.

San Juan, en la lectura del Apocalipsis, nos recuerda que el número de santos es realmente innumerable. En ellos triunfó el amor de Cristo hasta el final. Este número de santos ha ido creciendo a través de los siglos, ya que la Iglesia cree que todas las personas que fueron fieles a Dios en esta vida y murieron sin pecado mortal gozan con él en la gloria, aunque la Iglesia no los haya proclamado santos oficialmente.

San Pablo, como san Juan, nos recuerda que los cristianos ya somos de algún modo santos en esta vida, aunque no hayamos llegado a la perfección de la santidad. Dios nos santificó y consagró desde el día de nuestro bautismo para crecer en semejanza de Jesús hasta el día en que nos encontremos con él cara a cara en la gloria.

El evangelio de las Bienaventuranzas que leemos en esta fiesta nos hace ver los muchos caminos por los que podemos llegar a la santidad. Hubo santos como san Francisco de Asís y santa Teresita del Niño Jesús que fueron pobres de espíritu de una manera singular; en nuestros días, la Madre Teresa de Calcuta enseñó a todo el mundo un modo nuevo de vivir el amor a Jesús y la pobreza evangélica consagrándose al servicio de los más pobres de nuestro mundo. Hubo santos que se distinguieron por su vida de penitencia y de lágrimas, por sus propios pecados y por los pecados del mundo que los rodeaba; así podemos recordar a los santos penitentes y a los eremitas que se santificaban con penitencias en los desiertos y en los claustros austeros de vida religiosa.

Muchos santos sufrieron persecuciones durante su vida, ya porque su santidad no era entendida, ya porque su modo de vivir era una denuncia contra los pecados de la sociedad que los rodeaba. Hay dos características que distinguieron claramente a la mayoría de los santos, además de su fidelidad y amor al Señor. Los santos se distinguieron por su alegría espiritual, ya que es verdad aquello de que "un santo triste es un triste santo." Además, los santos se distinguieron por su paz interior en medio de sus luchas, oposiciones y persecuciones y que sufrieron. En ellos, como en Santa Teresa de Jesús, se hacía verdad lo que nos comunicó en su conocida poesía:

Nada te turbe,
Nada te espante;
Todo se pasa,
Dios no se muda.
La paciencia todo lo alcanza;
Quien a Dios tiene nada le falta,
Sólo Dios basta!

CONMEMORACION DE TODOS LOS FIELES DIFUNTOS

Tema: Los difuntos están con y en el Señor

Lecturas: Sabiduría 3, 1-9; Romanos 6, 3-9; Juan 6, 37-40
o bien . . . Misa de los Difuntos

El rezar por los fieles difuntos para que el Señor les perdone sus pecados es una piadosa y santa costumbre, según el libro de los Macabeos (Cf. 2 Mac 12, 38-46). La Iglesia Católica ha recitado oraciones por los difuntos por lo menos desde el siglo segundo. El año 988 A.D., San Odilón, abad benedictino del famoso monasterio de Cluny, comenzó la tradición de celebrar misas por los fieles difuntos, después de la celebración de la fiesta de Todos los Santos. Después de recordar a nuestros/as hermanos/as que gozan de la gloria con Dios para siempre, convenía recordar a los difuntos que todavía podían necesitar purificación por los pecados cometidos en vida. El año 1915, en plena Primera Guerra Mundial, cuando miles de católicos estaban muriendo en los campos de batalla, el Papa Benedicto XV concedió a los sacerdotes el privilegio de celebrar tres misas en este día, para orar por los muchos que morían sin que nadie se acordara de rezar por ellos. Se podría decir que en este día la Iglesia nos pide recordar de una manera especial a "las almas olvidadas," además de orar por nuestros seres queridos.

En el evangelio, Jesús proclama su deseo de salvar a todos. Sólo se va a condenar el que voluntariamente rechaza a Jesús. Este es un gran consuelo este día en que rezamos por nuestros queridos difuntos que fueron personas de fe. Jesús anuncia dos veces que los creyentes van a resucitar: "Yo lo resucitaré en el último día." Este es un lenguaje proveniente del estilo apocalíptico que se presta a diversas interpretaciones. Los cristianos creemos en la resurrección de la carne, de los cuerpos, como lo profesamos en el credo de los apóstoles que recitamos en la misa. Es importante reflexionar lo que esto significa para muchos cristianos. Muchos judíos del tiempo de Jesús, como muchos griegos, creían que hay en nosotros un elemento inmortal, nuestra alma. Al morir no dejamos de existir completamente, puesto que nuestra alma sigue viviendo. Pero la creencia en la resurrección de la carne afirma que nuestro cuerpo también será participe de la gloria y de la inmortalidad junto con el alma, y que estaremos plenamente con Dios para siempre.

Nuestro cuerpo, en esta vida participa y lleva el peso de muchas de las decisiones de nuestro espíritu: cuando ayunamos, lo decide nuestro espíritu, pero lo paga nuestro cuerpo . . . ; por ello, es justo que el cuerpo participe en la gloria del espíritu. Además, san Pablo nos recuerda que nuestros cuerpos son templos del Espíritu Santo. Por esto la Iglesia siempre ha mandado que los cuerpos de los difuntos sean tratados con máxima reverencia, honrándolos con incienso en los funerales, y prohibiendo por bastante tiempo la cremación de los cadáveres, cuando ésta era vista como una protesta contra la creencia en su resurrección de los muertos.

El evangelio anuncia que desde el momento en que creemos en Jesús comenzamos a vivir la vida eterna. Para el cristiano la muerte no tiene poder. La muerte es un sueño del que despertamos en un mundo nuevo, en el mundo de el divino, donde estamos en Dios, y con Dios y sus santos. Nuestra vida en este mundo debe ser una revelación de nuestra fe en esta vida eterna que ya tenemos, y para la que debemos consagrar todas nuestras energías, y que se nos revelará plenamente después de nuestra muerte física.

El evangelio de San Juan nos cuenta el milagro de la resurrección de Lázaro, el amigo de Jesús. Cuando los cristianos iban muriendo, a finales del siglo primero, y la segunda venida de Jesús se iba retardando, convenía recordarles que para los amigos de Jesús, la muerte física no pasa de ser más que un sueño del cual Jesús va a venir a despertarnos un día.

Indice de Temas

CPSIA information can be obtained
at www.ICGtesting.com
Printed in the USA
FFOW02n1432100917
39778FF